幸福なる人生

中村天風「心身統一法」講演録

A Fortunate Life
Nakamura Tempu

中村天風

PHP

中村天風

まえがき

本書は、中村天風先生が在世中に収録された講演テープをまとめて『中村天風講演録CD「心身統一法　入門編」』として頒布されたものをもとに、活字化したものです。

「心身統一法」は、天風先生が当時（明治おわりから大正はじめ）死病と言われた結核の身を冒して、人生何たるかを求めて欧米の有識者を訪ね歩き、最後にインドのヨガの聖者に出会い、ヒマラヤ山中で修行し感得された真理をもとに創見された、人間として完全な人生に活きるための方法です。それは、人間が真理に基づいた正しい生き方をすることによって、心と身体に備えられている潜在能力を一〇〇％発揮し、病気や困難を克服することができるという方法で、われわれ普通の人間が日常生活を送りながら実践できるものです。

私自身、通産省（現・経済産業省）の官僚であった二十八歳のとき、結核に倒れ、人生のどん底にあったときに天風先生に巡り合い、この心身統一法を真剣に実践した結果、人生を切り拓くことができました。それ以来どんなときにも心身統一法は我が人生の指針となり、現在も喜びにあふれた充実した毎日を送っています。

本書は天風先生の言葉をそのまま極めて読み易く活字にしたもので、心身統一法の基本を系統的、段階的に学べるものです。人生に迷い、不本意な思いに毎日を送られている方や、人生の目標を真剣に求められている皆様にとって、必ずや価値高き人生への門を開く貴重な第一歩となるものであると確信しております。

大自然との協調が人間の生き方として問われる現在、森羅万象を創り出した宇宙の摂理に基づいた心身統一法は、具体的な実践方法であると同時に、人間も自然の一部であるという歓びを感じることができる壮大な哲学でもあり、特にこれから人生に乗り出す若い人々にとっては、将来への確かな目的を見出すための指針ともなるべきものです。

ぜひ本書を座右に置かれて繰り返し読んでいただき、人間として最も大事なことを悟り有意義な人生を送っていただきたいと思います。

なお、ＣＤの『中村天風講演録』では、天風先生の力の籠《こも》ったお声を聴くことができます。聴覚と視覚と両面から心身統一法を確実に身につけられることを、さらにお勧めいたします。

二〇一一年十月

公益財団法人天風会理事長　**尾身幸次**

幸福なる人生
*
目次

まえがき――尾身幸次

第一章　六つの力
――幸福な人生を生きるために

健康法・修養法・宗教にあらず　12
際限極まりなき人間の欲望　21
幸福とは何か　24
人生の三大不幸　28
内容量を豊富にすべき六つの力　32
成功者への道　37
鉄のごとき体力はあるか　40
ものに動じない胆力はあるか　42
判断力、断行力、精力、能力は充実しているか　46
人は幸福になれるようにできている　49

第二章 心身統一の根本義
――心の持ち方の積極化

教えを受ける者の心得 56
「肉体本位」「精神本位」という誤り 62
宗教への疑問 66
ブリルの受け入れ態勢をつくる 69
心身統一のための四箇条 73
心の持ち方の積極化がすべての基礎 76
心と肉体は一筋の川の流れ 84
消極的な心の態度の悪影響 91
感応性能を強化する三つの条件 98

第三章　観念要素《かんねんようそ》の更改《こうかい》

——感応性能の強化①　心の倉庫の掃除法

方法なき教えに救いはない　104
名文句に酔うな　108
唯一無二の発見　115
なぜ観念要素の更改が必要か　119
寝際だけは純真無垢に　126
寝床の中の時間は神聖不可侵　133
鏡を使った信念強化法　137
消極的な言葉を使わない　140
心の積極的な人と接する　145
誓詞《ちかいのことば》　148

第四章　積極精神の養成

――感応性能の強化②　心の態度を前向きに

知識と経験よりも人生に大切なもの　150
何事にもベストを尽くす　152
内省検討――自分の気持ちを検査する　161
暗示の分析――人の言動に左右されない　162
対人精神態度――積極的な態度で人と交わる　164
取越苦労厳禁――当たって砕けろ　167
正義の実行――本心良心に背かない　170

第五章　神経反射の調節

――感応性能の強化③　ヨガの秘法・クンバハカ

誤った知覚が心を乱し体を脅かす　178
忍耐力が難事を達成させる　184

キリスト教への失望 188
方法を示せない世界の学者たち 195
救いの手に導かれてインドへ 200
ヨガ哲学の目的と方法 203
息の合間合間に尻肩腹三位一体 207
クンバハカからプラナヤマへ 214

第六章 心の使い方
――何ものにもとらわれず集中する

〈補足解説〉 220
何事にも気を打ち込んで応接する 221
精神の統一が霊性を発現させる 227
前提は潜在意識の大掃除 232
とらわれなき心で生きる 239
講談『山岡鉄舟』 243

第七章　体の活かし方

——正しい食生活の基準

〝常識〟外れのインドでの食生活　256
なぜ動物性タンパク質はいけないか　264
「生活の向上」がもたらした文明病　270
まずは動物性＝三、植物性＝七の食事から　277
人類はもともと果食動物　280
病気をしない食事が結局安くつく　286
果物は「霊気体」を強くする　291

装丁・芦澤泰偉
口絵写真提供・公益財団法人天風会

第一章 六つの力

——幸福な人生を生きるために

健康法・修養法・宗教にあらず

今晩初めて来られた方々に、天風会のあり方と、天風会の教義であります「心身統一法」という方法が、一体どんな人生建設を目的として組み立てられているかということをはっきりおわかりをいただこうがために、この講習会が催されております。

すでに支部長をはじめとする方々の尊い体験を基盤として説かれたお言葉から、もう私があえて詳しく説明する必要もないほど、天風会についておわかりになったことと信じますが、組織の責任者として、私からも心身統一法というこの教義が一体どんなものかということをわかりやすく説明してみたいと思います。

まず第一番に申し上げたいのは、心身統一法という方法は、絶対に健康法でもなければ修養法でもなく、さらにまた、宗教でもないということであります。

なぜこういうお断りを申し上げなきゃならないかというと、この方法の効果を見れば健康法のようにも考えられるし、また修養法であるかのごとくにも見られます。さらにまた、宗教だと断定されても、こういうことがあるからそう断定するんだと言われたら、それは違うよとも言えないものもあるんであります。

実際の話、一体それは何が目的で組み立てられている方法かと初めての人に聞かれると、私なら平気で答えますけれど、二年や三年ぐらいこの教えを聞いて、この方法によって相当の効果を人生に味わっている人も、率直に簡便に説明する言葉に困るらしいのです。

わかりやすく申し上げりゃ、健康法じゃないよと言うにもかかわらず、病で長く苦しんでいた人が完全に治っちまうと、これは健康法だと思いますよ。たとえば、喘息《ぜんそく》というのは医者の薬じゃ治らない病ですが、どんなに重患でも、三月《み》我慢してここに来てりゃ治ってしまう。そういう人から見りゃ、これは健康法だと思いますよ。誰が何と言ったって健康法だって。

それからまた、自分ながら自分の心の成り行きにどうにも始末がいかないと困っていた人などがこういうところへおいでになって、わずかな歳月の間に、知らない間に、自己の人格の内容が陶冶《とうや》された、このはっきりした事柄を直感すると、「初めの日に修養法じゃないと言ったが、立派な修養法じゃないか」と、こう言いたくなるらしい。

明治時代に有名な言論家で、政治家で、実業家であった井上角五郎という人がいます。お若い人はご存じないかもしれないが、ご年配はみんな等しく知っている人です。なぜよく知られていたかというと、非常におかしな顔をしていた人なんです。あだ名が「カニ将軍」といわれるくらいで、福井地方でとれます出雲ガニによく似ている、あんなに生き写しっていう顔は珍しいと思う。

この人、おじさんが真宗の坊さんで、六つの年から二十五までそのお寺で育ったのだが、真面目に仏教を信仰したのではなく、初めから仏教に飽き足らないものを感じていたために、非常に研究したらしいんですよ。ですから、いわゆる仏教哲学には相当の蘊蓄《うんちく》を持っていたんだ。また言論家としても有名で、衆議院における永井柳太郎、貴族院における井上角五郎は、言論界の双璧と並び称された。一言居士という名もつけられていたが、何事につけ「口言わずんば已《や》むべからず」という人で、どんな正しいことを聞いても、必ず「それはおまえ、そう言うけれどもね」と言わずにおれない。もっとも、あなた方のお友達にも一人や二人必ずいますがね、こういうのは。

この人が、会員になったんであります。道を求めて謙虚な態度で人生を考えようなんていうような真面目な気持ちで会員になったんじゃないんですよ。兄弟で陸軍大将になって有名な大迫尚敏という人の弟に、尚道という人がいる。この尚道という人と井上という人が碁を打つ仲間で非常に仲がよかったらしい。

ところが、この大迫大将というのが先にこの天風会に入って、非常に感激した。それで、感激のエクスタシーを井上角五郎さんにあるとき話したんだな。そうしたら、井上角五郎が「その天風ってやつは幾つだ」と聞く。

「さあ、四十五、六かな」

「あのね、おまえは幾つだ。六十八にもなって四十五、六の人間が言うことに感心するやつがあるか」

その時分、四十五、六だったんですよ、私。生まれておぎゃあとこうなったんじゃないんだから、あらかじめお断りしておきたい。

「おれは六十二だ。おまけに八宗兼学《はっしゅうけんがく》、仏教はもちろん、今世界にありとあらゆる宗教のほとんど全部を研究して、最後に得た結論として、この世の中に本当に人間を救ってくれる方法なんかないっていうことがはっきりわかっている人間だ。それをおまえ、救われた、救われたって言うけれども、救われたんじゃない、救われたように思っているだけだろう。惚れた欲目も、じゃんこもえくぼ。そのへんてこな男に、貴様は惚れてんだ」

「惚れているか惚れていないか、おれにはよくわからないが、それじゃ、おまえ、とにかく行って聞かねえか」

勧めるほうも、うまいこと言ったんですよ。

「おまえが行って聞いてみろ。それが偽者だったら、おれもすぐやめるからよ」

「ようし、なら、行ってやろう」

というわけで来た。今夜あたりも来てやしねえか、そんなのが。

それで、井上さんを連れて来たときに、大迫さんが私にこういう断りを言った。

「ご承知でもございましょうけれど、なかなか一筋、二筋、三筋の縄で結わえられるやつじゃございません。もうこれはきっとそうなることを覚悟して連れて参りましたが、講習がしまわない間にもう先生に議論を吹っかけるかもしれませんが、その点はあしからずお含みを願いたい」と。

「ああ、いいとも。どんなことを言っても、知っている限りはお相手する」

そうして、一講習とにかく無事に済んだ。すると間もなく大迫大将が私のところへ来て聞いた。

「いろいろ何か申しましたか」

「いや、何も言わない」

「おかしいな、あの男、断然そういう男じゃないんですけれどもね。へえー」

二月《ふた》経った。また聞いた。「言わないね」。三月《み》経った。また聞いた。「言わないね」。結局、六カ月黙っていた。六カ月目に、「これはね、先生、よほどご用心なさらないといけない」と、大迫大将。

「なぜだい？」

「あいつ、言わないでいるのは、溜めているんですぜ」

つまり、一遍に爆発すると言うんです。今のように原子爆弾なんてない時分だからね、「爆裂弾のように」と、こう言いました。

「いいよ、いいよ。溜めときゃ、溜めておくほどこっちも相手しいいから」

ところが、六カ月目に、まだ陸軍軍閥華やかなりしころ、九段・偕行社《かいこうしゃ》で陸軍の将官だけを集めた集まりに呼ばれて講演することになった。ちょうどその朝、取り次ぎが私のところに来て、「お電話でございます」と言う。私、電話に直に出るっていうことないんであります。ところが「井上さんという人から、先生でなきゃどうしても用が足りない。だから、先生に出てくれとおっしゃいます」と言うから、「井上といったってわかるか。井上だの、吉田だの、中村なんていうのは犬のくそみたいなものだ。井上誰だか聞いてこい」と言ったら、また聞いてきて、角五郎だという。「ああ、あのおやじか。よしよし、あれじゃ、おれが出なきゃ解決つかんわ」。それで私、電話に出た。

「天風だが」

「あっ、恐れ入ります、お呼び立ていたしまして。きょうはたしか九段・偕行社でご講演がおありだそうで」

「ああ、ある」

「申しかねますが、お許しができますならば、私に前講をご命じください」

「前講したいの？」

「はあ。六カ月承りまして、頂戴したものが多分にございます。これを陸軍の将官連中、皆われわれと同じように、人生苦楽の歴史を繰り返したような年輩ではありますが、案外人生というものを浅く考えておりますから、ひとつあそこへ行って話をして聞かせてやりたいと思います」

「ああ、よかろう。やりたかったらおやり」

それで、まあ、電話が切れた。すると、一時間ばかり経って、大迫さんから電話があった。

「先生、井上に前講をお許しになったんですか」

「ああ、したいそうだからね」

「とんでもねえ、あいつに許したら何言い出すかわかりませんぜ、先生。一応何を言うかっていうことをお聞き取りの上でもってイエス・ノーを決めてやっていただきたい」

「聞く必要ないよ。私が最初に出て、あの人が後から出るんならちょいと困るけど、あの人が私より前へ出る」

「え?」

「サギをカラスと言おうと、カラスをサギと言おうと、それは向こうの勝手だ。後から出た私がみんなこれを訂正しちまうからいいよ」

「そうですか。だけど、失礼なこと言いやしねえかな」

「言ったっていいじゃないか、向こうの口で言うんだもの。人の口に戸は立てられない。言わすだけ言わせなさい」

「そうですか、心配だな」と、陸軍大将が心配してくれやがった。

そして、前講が始まった。私も聞いてた。なかなか立派なことを言うんですよ。今夜の皆さんのような新しい人に、非常に大きい理解を与える貴重な講演が諄々《じゅんじゅん》と進んでいって、別に大迫が心配するほどのこともないじゃないかと思っているうちに、最後がいけなかった。

「ただ今ご紹介した天風哲人という希世《きせい》の哲人が、まもなくここへ出られる。そして、出られると必ず、自分が説くところの方法は健康法でもなく、修養法でもない、宗教でもないと言われるに違いない。健康法でない、修養法でない、こりゃ、たしかにそんな第二義的なもんじゃありません。がしかし、宗教でないという言葉は、不肖角五郎、六十二年の経験の上から、断然反対します。

六つの年から二十五まで、真宗の寺で仏教によって育てられたはずの私が、十九年間少しも仏教によって救われた自覚がありませんでした。以来今日まで、八宗兼学的に人間の生きる上に参考になるという教えだったら、宗教はもちろん、修養法といわず、哲学といわず研究してきたものであります。そして経験の上から、うたた、この世の中に理屈を言う人は多いけれども、本当に人間の魂に触れて、どんな頑冥不霊《がんめいふれい》の人間をも正しい自覚に導き得るようなものはないと、遺憾ながらそう思っておりました。

ところが大迫将軍の紹介で、下手をすりゃ自分の子供ぐらいにしか当たらない若年者が人生を説いているというんで、どうせろくなことを説きはしまい、今のインチキ流行《ばや》りの世の中、大見せ物だろうと思って行って聞いているうちに、まったく私の長年の研究の中にないものばかりが説かれた。そうして、感激してお教えを受けたことを実行している間に、まったく自分の思い図らざる大きなえものがあることを発見したんであります。

その思い図らざる大きなえものとは何かというと、安心立命《あんしんりつめい》の大境涯であります。せめて一日のうちの何時間でもいい、心のどかに安らかな気持ちになり得る安心立命の境涯が欲しいと思って、私は道という道をむさぼるような気持ちでもって研究してきたが得られなかった。それが、この天風哲人によって救われた。今じゃ、朝から晩まで、いや、毎日毎日、文字どおりの安心立命の大境涯を私の人生として生きております。この動かされざる大事実を前に、天風哲人の説く方法は宗教じゃないなんて言われたって、私がさようでございと申せますか。後から先生が出て何と言おうと、これは宗教ですぞ」

と、こう言ったんです。

「宗教も宗教、既成宗教で救われない人間の魂に大きな甦りを与える合理的理想的、否、少しく声を大にして形容すれば、やがて世界人類の救済を現実になし得る力ある宗教だと私は断言する」と。

大抵のことじゃ困らないが、これには困った。先入観念が力強く与えられると、それを取り去るのは難しいものですぜ。そのとき私のお弟子になった人は、私が何て言ったって、みんなこれを宗教だと思ってる。人生苦楽の歴史を本当にとことんまで舐《な》めてきた、あの苦労人の井上角五郎さんが言うんだから、これは宗教だと。

際限極まりなき人間の欲望

なかにはね、「宗教じゃないと言っている宗教だ」と言ってるやつがおって、こうなったら私の弁解はもう三文の値打ちもないから、「どうお考えになってもこれは構いやしません」とは言うものの、ただ一つ私が懸念する理由は、健康法だと思って聞いていると、健康法だけのことしか受け取らないんですよ。修養法だと思って聞いていると、修養法だけの消息しか受け取りません。宗教だと思っていると、宗教だけの消息しか受け取らない。

よーく考えなさいよ。この点は多くの人が考えていないが、人間はね、それはもう病を患っているよりは丈夫なほうがいい。したがって、健康法も尊いものではあるけれど、健康法だけで人生解決しないんであります。

さらにまた、人格の内容が陶冶されてからに、気高い人間になって生きるということは、これはたしかに尊いことだけれども、到底、修養法だけで人生は解決しない。そうかといって、安心立命的な大境涯に生きられ得たからとて、それで人生解決しませんよ。なぜかというと、事なき日だけ続きゃいいが、人生、そういう日ばかりが続くわけではない。すると、きょう安心立命の大境涯に生きられたかのごとくに感じても、明日そうでない場合が来たときにどうなるか。そういうことがしばしばあり得る、これは事実です。

人間というものの人生は、ただ単一のことだけが解決されたからとて、それで万事ＯＫになり得るものじゃない。弱い者が丈夫になった、それでもう人生が、いつどんなことがあっても春復活だというふうになれますか。不幸なるかな人間というものは、「隴《ろう》を得て蜀《しょく》を望む」。これは誰でもあるんです。一つかなえばまた一つ。

山出しのおさんどんが、おっかさんの形見にもらった銀の指輪をはめて都へ出てきた。ところが東京では誰も銀の指輪なんかはめていない。せめてお嬢ちゃんの指にはめてある、あの赤い玉の入っている指輪でも欲しいなと思う。お給金を貯めてからに、ルビー入りの、たとえ偽物であろうと、金の指輪が手にはまるようになると、それで辛抱するかといえば、しません。一年、二年経つ間に、せめてあの奥さんの手にはまっている真珠の指輪買いたいな。これがまた手に入るようになれば、それでもうすっかり安心するかというと、安心しません。これもいいけども、先週奥さんが表に出るときにはめていらっしゃったあのぴかぴか光るダイヤモンド、何とかしてあれを、とこうなる。しかも、今度はお給金じゃものにならんというと、悪い気持ちを起こしたりなんかするようになる。

人間というものは、欲望際限極まるところがない。だから、丈夫でない者が丈夫になった、精神の気高さができた、安心立命の境涯がわがものになった、それだけで解決しない。一口に人生といっても、まことに複雑多彩変化変転極まりなきものであり、人間は形容する言葉もないほどの、いろいろ変わった事柄の中に生きることを余儀なくされているものであります。そのときに、ただ単に体が丈夫になった、あるいは人格が気高くなったからって済むものではなく、さりとて安心立命の境涯が自分のものになり得たからといって、それで万事ＯＫになるものでもない。と申し上げても、人生というものを深く立体的に研究した人でないと、この消息はおわかりにならんでしょう。

私が病だったときのことを今から考えれば、病人の欲望というのはじつに小さなものだと思わざるを得ない。何しろ奔馬性の肺結核であります。肺にみるみる大きな穴があいちまうやつで、結核菌が容赦なく腸に下る。そうするってえと、鶏鳴下痢《けいめいげり》といって、夜明けに必ず激しい下痢が続くんであります。そうすると、食い物がどうしても流動物になる。そのときの欲望は、せめておまじりでもいいから、おまんま粒の入っているものを食べたいなということです。人生に望む欲望のなんと小さなことか。ほかに何も欲しくはない。ところが、お腹がやや固まってきて、おまんま粒が入っているおまじりが食べられると、今度はもっと米粒の入ったお粥《かゆ》が食べたいな、とこうなる。

これがいわゆる「隴を得て蜀を望む」ということです。だから、病人が丈夫になりゃいいと思っても大違いよ。丈夫になっていいと思いやしない、丈夫になるってえと今度は金が欲しいな、とこうなる。金が回るようになるというと、別荘が欲しいな、着物が欲しいな、男のやつはもうすぐ細君に内緒でよろめく相手が欲しいな、とこうなる。こと近代は、男ばかりでなく、女のほうも盛んにその方面が発展するらしい。別に人に迷惑かけなきゃいくらでも発展なさい、ですけれども。

こういうのが本当の人生の姿だとすれば、健康法や修養法や宗教だけじゃ人生、解決はつかないということから考えついたのが、この心身統一法であります。

幸福とは何か

さあ、そこで、率直簡便にもう一遍言う。健康法でない、修養法でない、同時に宗教でない、しからば心身統一法とはそも何か？　わかりやすく今晩は説明します。暮れの講演だからね。

心身統一法とは、人生を幸福に生かすのに必要な条件を完全につくり上げる方法。そう言っただけじゃまだわからない。何だい？　その幸福というのは。幸福というのは、人間の見方、考え方によっていろいろ違いますからね。

この暮れに、どうやって年を越そうかと思っているような人は、金をたんまりもらったら幸福だろうと思いますよ。けれど、金がありすぎちゃってからに、税務署のほうの計算もできないで困っている人間なんか、せめてもう少しなけりゃいいなと思いますわ。そういう身分になってみたい？　なるってえとかえって持たないときより煩《わずら》い多いぞ。

じつはこの十二月の五日に私はアメリカへいよいよ連れて行かれる運命がほぼ決定してたんです。いい塩梅《あんばい》にその日行かずに済むようになったんで、今月今日、こうやって皆さんにお目通りできていますけれども。ロックフェラー（三世）、死んじまうといいんだけどね（笑）、あれが生きている限り、「先生、アメリカに来てくださいっていうのを決してやめません」って言っているんだから。それで、だんだんだんだん呼ぶ金をせり上げやがった。せり上げるたびに、私は行かないっていうのをわからないんですから、その点ちょっと、あの人どうかと思う。

金の中に埋まっている人間だから、金の力というものは大きなものだと思っていましょう。

もっとも、アメリカの財界のすべてを牛耳っているくらいですから、それはそうであるかもしれませんけれどね、天風だけは、金じゃ動きませんわ。ほろっとするような人情じゃ動くかもしれないけれど、金じゃ動かないよ。それにどんどんどんどん競り上げてきやがって、アメリカに帰化してくれたら二十五億やるって。へっ、考えてみりゃ、安っぽいもんだね、日本人がアメリカ人になるのに二十五億だって。アメリカ全土の全財産をやるからなってくれと言ったら、また考えるかもしれないけれどね、私も（笑）。

終戦後、このロックフェラーに初めて会ったときに、「何があなたの一番の煩悶《はんもん》だい」って聞いた。そうしたら、「さあ」って夫婦で顔見合わせたっけ。そして言ったもんだ、「今現在、私、いくら持っているかわからないのが一番苦痛です」と。

あなた方、幸福だよ、ロックフェラーから見りゃ。現在ただ今いくら持っているかはっきりわかっているわねえ（笑）。それはそうでしょうなあ、ヨーロッパのほうのロックフェラーの持っている会社の株が下がっているとき、アメリカでぐうっと上がっていることもあるが、アメリカが上がっているときに、ヨーロッパのほうも上がっているということもあり得る。それはもう世界中にあの人の会社があって、自動車製造会社だけでも何百というのの社長なんですから。ですから、自分がいくら持っているかちっともわからない。気の毒なやつだね、これ、なきに等しい。

もっとも、このごろの煩悶は違うんだそうです。うまいこと言ってきやがるんです。「初めてお目にかかったとき、ああいうような価値のないお答えをしましたが、このごろは夫婦でよくこういうことが不幸だということを語り合います」

その「こういうこと」とはどういうことかというとね、「結局、金、名誉、意思、富なんていうものも、煎じ詰めれば命があってからのこと。命がなけりゃ、世界じゅうの金がみんな私のものになったって、それが何かあろう」ということなんです。それもたしかにそうだね。どんなご馳走があったって、命がなきゃ何にもなんない。ご先祖の墓場へ行ってからに、山盛りのご馳走を持って行って喜ぶか喜ばないか、墓の前へ置いてごらん、喜びやしねえ。野良犬が喜ぶぐらいのもので。

「このごろのわれわれ夫婦は、本当にいかなる場合であっても、魂が潤って、命が豊かな力で生きていくということが必要である以上、これが乏しいことが一番の悶えです。この悶えを癒してくれるのは、世界の中であなた一人だということを、あなたの記憶の中にはっきり、落とさないで持っていてください」

「ドント・ドロップ」と書いてあるんだから、面白いね。「Do not drop」、いい言葉だな、こりゃ。ラブレターに使ってごらん。「私のような者であろうとも、どうぞ私の名をあなたのお心の中に、決して落とさないで持っていてください」と。「お心の底のどこかにおしまいください」なんていうのは生ぬるいぜ。余計なことを教えて相済みませんけれども（笑）。

幸福とは何か。つらつら思うに、人間がこの世に生きていくときに、これは非常に大きな事柄でありますが、それについて考えている人は多くない。まして、時まさに一陽来復《いちようらいふく》の間際になっている年の暮れなんかだと、もう人の顔さえ金に見える。金、金、金、金、金、金って。されぼこそ、幸福とはどんなものやら、ちっともわからん。「幸福とは何だ」と聞くと、「不幸福でないこと」と答え、「不幸福とはどんなことや」と聞くと、「幸福でないことや」と答える。これじゃ、こんにゃく問答だ。

人生の三大不幸

もちろん幸福というものの標準は、人によって違いましょう、境遇ところによってね。しかし、人類の通念で世界的にこれだけは誰が考えても不幸だよと思うものが三つある。これを誰《た》が言い初《そ》めけん、「人生の三大不幸」と折り紙がつけられている。哲学者の仲間じゃ、エマーソンの言葉だといいますが、それよりもっと古いらしい。何でしょう？　病と、煩悶と、貧乏であります。どんな屁理屈言うやつでも、これを幸福だとは言わないだろう。

「鬼もかなわねえくらい、おれは丈夫だったんだ。ところがよ、このごろどうも体の具合が悪くなってよ、幸福だ」なんて人いないでしょう。煩悶またしかり。「おめえみたいなのんきなやつはないと言われたのが、このごろちょいと物思いがあるんだ。物思いが始まってから、何となく生きがいがあるよ」っていう人いる？

最後の貧乏、いかがです？　私はどういうものか、生来の貧乏嫌い。およそ何が嫌いだ天風さんと言ったら、貧乏だ。病なんか、治すこと知っていますから何でもない。貧乏は大嫌いだ。軍事探偵中、蒙古の奥で洞穴に寝て生のジャガイモなんか食って生活していたときも、軍票で少なくともその当時の金で十万、二十万は懐に持っていました。貧乏ということが嫌いなんだ。景気が悪くていけねえ。そうだろう？　愛する彼女を連れて元町散歩の折、貧乏でもって景気がいいかどうか。

「ねえ、歩いてばかりいないで、どこかへ連れて行ってお茶でも飲ませてよ」

「水でも飲んどけ、贅沢な」

「暮れよ、クリスマスのプレゼントして」

「余計なこった、そんなことは。第一、あんなプレゼントをクリスマスにしなきゃならないということは、憲法にはねえんだぞ」

「そんなこと言わず、何か買ってよ。ハンドバッグだって、これもう五年持っているわよ」

「まだ入るだろう？」

「それは入るけど」

「底が抜けねえ限り持ってろ」

「お腹減ったわ」

「唾《つば》でも飲んでろ、うち帰って何か食え」

なんていうようなことを言ったら、男として景気がいいかい？　女はしようがねえや、こんなぐうたらと一緒になったんだからと諦めるかもしれないけれど、男としてどうだね。よし買ってやろうって店へ入れば、女のことですから、安いものを「これ」って言いますよ。「これ」って高いものを欲しがるのは、よほど女の心臓に毛が生えている場合。女が物を買うときは必ずそうですよ。そのときに、「もう少し安いのねえか」と言うのと、「そんな安いもの買うな、どうせ買うならうんと高いもの買え、こっちにしろ」と言うの、男としてどっちが気持ちがいい？　そんな経験がない？　お気の毒な（笑）。

あのね、無人島で生きてりゃともかくも、通貨というものがある世界に生きている人間には誰しも、よろしいか、自分の人生を豊かに生かすだけの収入ぐらいは得られる力が与えられている。それを知らないから、いつまでたっても貧乏。孔子何て言った？　十五で志を立てて、三十にして立ち、四十にして惑わずと言った。五十にして命を知れと。だから、四十になって一家を成すあたわざる男というものは、男の格好してるだけの男よ。ご夫婦で来ているお方で、四十越した男で、相変わらずだらしのないのは、責めちゃいけないよ、あしたから連れておいで。そうすりゃ、立派な働きのある旦那にしてあげる。

一体、今の人はね、大変な了見違いがあるんだよ。十五とは言わないが、二十にして志を立てるでしょう？　三十にして事ならざれば、その原因が世間にあると言うんですよ。おれには力があるけど、世間がおれを認めないと。そんな考え方を持っているから、四十になると、惑わざるどころか、すぐよろめく。五十になってぺしゃんこだ。六十になって、もういないでしょう、大抵。

それはともかく、理屈なんか要りませんよ、病と煩悶と貧乏、これはわれわれの生きる世界に必要としないもんだ。必要としないものをなぜか人間、こっちを見てもあっちを見ても、どれかしらやっている、病か、貧乏か、煩悶か。なかに念の入ったばかになるというと、三つ背負い込んでいるやつがいる。そういうのが多いから、そうあるべきは人生の当然だと思ったら大違いよ。静かに自分自身というものの存在を、ものすごい階級の高い自覚で考えてごらんなさいよ。万物の霊長だ。万物の霊長、この世の中に貧乏しに来たり、煩悶しに来たり、病患いに来たりしたんじゃありゃしねえ。人この世に生まれたのは、進化向上という偉大な宇宙の本来の面目に即応するためだ。

ところが、人という人のほとんどすべてが、病か、煩悶か、貧乏のどれかしらにとっちめられて苦しんでのたうち回ってからに、ああもなりてえ、こうもなりてえと思いながら死んじまう。その理由の一番の根源がどこにあるかというと、本当に進化向上という使命を全うし得るような人間それ自身をつくる生き方をしないで生きているからだ。

東京へ行こうと思って、三宮へ行って、九州行きの切符を買って行っちまえば東京へ行けやしない。本当の人間として生きようという気持ちだけはあっても、生き方が猿や豚にも劣っているんだから。猿の世界や豚の世界に、人間のような煩悶や貧乏に苦しんでいる仲間はありゃしねえぜ。年の暮れ、手形が落ちるかしら、落ちねえかしらなんて、猿は思いやしねえ。

内容量を豊富にすべき六つの力

さらば病、煩悶、貧乏を知らずして生きる人間になれるのか。なれますとも。なるほうが易しいんで、ならねえほうが難しい。その難しいことがやれているんだもん。ただ、生きる道の誤りが訂正されないと、与えられた当然のこういう権利ともいうべき尊いものを自分のものにすることができないんですよ。それがあなた方の、失礼ながら現在だと言ってもいいのじゃなかろうか。

病も知らない、貧乏も知らない、煩悶も知らない、よくそれらのものを克服して、自分の幸福を嘆美《たんび》するような人間になるのには、なるために必要な資格をつくらなきゃだめなの。ただなりたい、ありたいと思っても、なれません、できません。道は法をもって達するを得る。

では、どういう資格条件が必要かというと、六つの力の内容量を豊富にしなければ、断然病になりたくない、煩悶に苦しみたくない、貧乏でありたくないと思ってもだめです。現在何をどうしても丈夫になれないとか、どう稼いでも貧乏神と縁が切れないとか、なぜおれはのべつ心を苦しませるような煩悶をしていなきゃならないんだろうとかいう人は、世間が悪いんでもなければ、自分の生きる人生のアトモスフィアが悪いんでもないんですよ。それは、この六つの力のどれかしらの内容量が不足している結果生じた悲惨な事実なんだ。

その六つの力とは、第一が体力、第二が胆力、第三が判断力、第四が断行力、第五が精力、第六が能力です。そして、これらの力を完全に目的どおり内容量を豊富にする方法が、心身統一法であり、その方法をお教えするのがあしたからの講習会です。しかも、その方法を説いているものが、これははっきり申し上げておく、世界のどこにもないんであります。ですから、ロックフェラーが、ドクトル天風の説くドクトリン（教義）はユニークだと言ってくれた。そして、同時にラショナリスティックだと、こう言ってくれているんです。ユニークとは、絶対にほかにないぞということ。ラショナリスティックというのは、真理にぴったりと適合した方法だということでしょう？

私自身が、何も自己宣伝する必要はありません。事実は、最後の証明者として、いつも無言の雄弁をもってこれを証拠立てている。第一、疑う人よ、聞かれたい。天風会、大正八年の創業以来、指折り数えて来年四十年、この間、新聞雑誌その他の宣伝機関で宣伝をしたことは一遍もありません。それじゃ、どうやってこの会を継続してきているか。話を聞いて、方法を行なって、言われるままの価値の高い人生をつくり得た人の喜びが、まだこの道を知らざる人へと高い人類愛で言い伝えられ、取り次がれる。この価値の高い事実伝達が、天風会をしてから に、かくあらしめているのであります。この事実だけ考えてください。

宗教方面を見ると、よくまあ、ナシの芯にアリのたかるように言っているなというところ、それはもう幾つもありましょう。けれど、この点も私、一応触れておきたい。あの仲間は付和《ふわ》雷同《らいどう》の、要するに迎合者であります。天風会員は、自慢じゃないが、選り抜きのリアリストばかりであります。嘘か本当か、天風会員になっている人と、当てにもならない迷信をありがたがっている人を比べてごらんなさい、全然その価値内容が違いますから。

現実の人生の建設に、事実の誇りを持って生きているのが天風会員であります。そして、その方法を現実に教えているのが、天風会の最も誇りとする点なんであります。誰もが人として生きる以上、丈夫になりたい、煩悶は嫌だ、貧乏なんかもう真っ平だと思っています。けれど、そうなり得ないのは、なり得るような方法をおれは知っているよと教えているやつが、じつはなり得ない方法を教えているからだと、おわかりになっている？

あなた方だって、何も天風の話だけを初めて聞くんじゃないでしょう。人生を完全にし得ると宣伝している人がいくらもあります。宗教にもあれば、修養法の方面にもある。そういう方面へ行った人でもって、天風会で救われたような救われ方をしている人がありますか。救われたかのごとく考えているだけの淡いエクスタシーじゃないんですか。「いや、自分は救われた」という人があったら、ご遠慮なくおっしゃってください。私と力を試しっこしましょう。

救われたかのごとき淡い観念現象で、ひとり善がりに善がっていても、それは壁に描いたぼた餅を見て、「ああ、腹が大きくなった」と言っているのと同じことです。生きているっていうことは、現実ですぜ。人生というものは、夢の世界でもなきゃ、空想の世界でもない。切りゃ赤い血の出る肉体を生かしている、瞬間瞬間の一こまを人生となん名づける。その真剣な現実を生命としていながら、救われたように思えたり、ありがたいように思えたりするだけでもって善がっている人間は、今言ったとおり、絵に描いたぼた餅で腹が大きくなるように感じるやつです。だから、私は、既成宗教を第二義とし、既成宗教をやみくもに無条件で、自分の理念許諾も得ないでもって信仰している人は、時代遅れの人だと言うんです。

今やまさに文化の先端期でありますぞ。考えてごらん、あなた方の理念が承諾しているんですか、既成宗教の教義を。宗教そのものの生まれ出た理由は、科学の今日のように進歩していなかった時代に、無理からぬこれは自然の要求でしょう。「不思議なるかな、この世の中のありさまよ」と思いいづれば、何かここに人間以上のより大きな存在があるかのごとくに考えられた時代もあったに違いない、これは否定できない。しかし、真理を知り、真理によって人生をコントロールして、自分自身が自分自身の人生の主人となって、自主自立の、天は自ら助くる者を助くという、この最大なる、階級の高い自覚と信念で生きている人間が、今さら既成宗教のような第二義的な教義を信仰しようったって、信仰する気になれますか。

だから、天風会員、正しくこの教義によって目覚めている人は、祖先は尊敬する。祖先尊敬のために仏壇を飾ったり、先祖崇拝のために奉られた神社にお参りしたりはするでしょうけれども、しかし、そのときの天風会員の気持ちは、尊敬以外の何ものでもないのであります。おすがりしようとか、助かろうとか、恵まれようとか、憐《あわ》れみを乞おうとかなんて、そんな卑怯な、惨めな、憐れな価値のない気持ちを持って、手を合わせて拝んだり、頭下げたりしませんよ、天風会員は。

私も、皇室に関係を持っています仕事上、三年に一遍、五年に一遍は伊勢神宮に行きます。あそこの最高宮司をしているのが北白川(道久)さんで、これも、長い、私の会員だ。行けば、必ずあそこへ一晩泊まって帰ってきます。私も伊勢神宮へお参りして頭を下げますよ。頭は下げますが、それはあなた方に「こんにちは」と言うのと同じように、「こんにちは。あなたの子孫に今いろんなことを教えているよ」と挨拶しているだけです。あなた方が神に詣で、仏に祈るときは、何かしら当てがあるんだもの、ふてぶてしい了見だね。平気ではっきり言っているやつがあるぜ、息災無病、家内安全、商売繁盛。本当にそれでもって願いがかなうんなら、人生、苦労はありません。

成功者への道

私、あと二十何日経つと八十四だそうな。人のことのようだ。私はまだ三十ぐらいの気持ちで、二十歳代の女とランデブーしたいぐらいの気持ちを持っているのにさ。二十歳代の気持ちを持っているの知っているもんだから、二十歳代ぐらいの女もずいぶんランデブー申し込んでくるが、とにかく戸籍上の歳は否定することができない。それだけの歳になっても、よろしいか、自分自身が自分自身の力で生きている現在、決して人にものを頼みやしません、助けてくれ、恵んでくれ、憐れんでくれなんて。私はそれを男の恥、いや人類の恥だと心得ている。

助けてやろう、恵んでやろう、憐れんでやろう、これは気高い行為であります。しかし、助けてくれ、恵んでくれ、これは自分が万物の霊長たる人間であることを自ら侮辱していることになる。それもこれも、みんなこの六つの力が足らないからだ。その力をがっちりと役立つ程度まで、あなた方の生命の内容に分量多くしてあげる方法を本当に教えるのが、天風会であります。

だから、教えられたことを一所懸命にやりゃ、みんな知らざる間にどんどんどんどんこの力が増えてくる。幾多の成功者が天風会員の中から出ている、それも一人や二人や三人や五人じゃないでしょう？

今月、東京の講習会に来られると、前講に出られる人に、三島徳七という人がいます。これは世界的に有名な科学者であります。世界の学者もたった三人しかもらえない、ノーベル賞よりも尊い賞牌《しょうはい》（ソーバー賞）を受けに、今アメリカに行っていて、もうあしたあたり帰るでしょう。

関西の人、自慢していいぜ、この人は淡路島から出た人だ。貧しい百姓の子。小学校だけは淡路の小学校を出た。中学は独学で、その後苦学して東京帝大に入った。いいところへ養子に行って学費を出してもらった。帝大を出て間もなくして私の会の会員になった。一家中みんななりました。もう一人の名誉教授の富塚清という人と一緒に。

今ジェット機が飛び、ロケットが飛んでいますが、あの中には三島氏の発明が使われている。世界でたった一人の発明で、ニッケル鋼をマグネタイズ（磁化）するという、それまでの科学が全然できなかったことを実現した。どこの飛行機でも、これを採用しないものはない。

だから、非常な権利金がこの人の懐に入るんであります。

昔、冗談半分に「徳さん、今権利金というのは月にどのくらい入るんだ」と聞いたら、「ああ、六千万円ぐらいでしょう」と言う。月によ。税金にまあ半分持って行かれても三千万円。使うかっていえば、使いやしねえ。金が貯まってしようがなかんべと思うが、養老院や孤児院、あるいは困っている事業家なんかにやっちまいますから、いくらあったっていいわけだ。

この人がこの会に入るまでは、家庭には病人が絶えないわ、自分自身は学者として貧乏でもって苦しんでいるわで、やるせない悶えがしょっちゅう頭の中に去来していた。それが、この人は、偶然なことから私の弟子になったんだ。友達がノイローゼ、その時分の神経衰弱にかかって私のところへ来た。それが治ったというので、彼も私のところへ来た。自分はどうもなかったんだけど、今言ったとおり、家族が弱くって、それがもとで始終煩悶があって、貧乏はもう学者のつきものだと思っているほど融通がきかなかったわけ。

それが今はもう驚くべき収入でしょう。この人ばかりじゃありません。そういう会員はいくらもいるんですよ、成功者はね。

これだけの力が出りゃ、いやでも病も煩悶も貧乏もなくなっちまう。病と、煩悶と、貧乏のない人生というものは豊かな人生ですぜ。人生は、空威張りや屁理屈やわかったふりしてわからないで生きてはいけない。独自な断定でもって、屁理屈でもって、痩《や》せ我慢してもいけないんで、自分自身のことを自分自身で厳《おごそ》かに考えなさい。

鉄のごとき体力はあるか

われに頑健鉄のごとき体力ありや否や。まず第一に、これから考えていこう。体力に自信がなければ、「おれは、今壇上で偉そうなこと言っている天風ぐらい生きられるか、生きられないか」とか、「どんなに悪い風邪が流行《はや》ろうと、どんな悪病が流行ろうと、びくともするか」とか、そういうことも考えられない。

「悪い風邪が流行っているわ、ワクチンがないそうな。罹《かか》ったらどないしよう」なんていうふうに生きてやせんか。「八十四なんてとんでもない、来年どうなるだろうと思っているのに」なんていうような人はいやせんかい。「もう余命幾ばくもない、生きたところで三年か五年だ」と、そんなことを考えていて愉快かい？　体力に自信があるてえと、びくともせんわ、そんなこと。

あなた方のほうからは、私の顔だけしか見えていない。私からは、皆さんの顔がみんな見える。「血圧が高い、狭心症になりゃせんでしょうか」「肝臓が悪うなったらどないしよう」なんて、薄い氷の上をおっかなびっくり歩いているような気持ちで人生に生きている人の顔は、一目でわかる。やがてこの教えをだんだんに教わっていくてえと、「ああ、なるほど、一目でわかるというのは、これかな」っていうことがわかってきますよ。生命の炎が完全に燃えていないと、人間の体から出ているオーラというものが薄いんです。

オーラとは、ルミエール・オブスキュルといって、肉眼では見えない。第三の目でなきゃ見えない。インドでは、額に第三の目が開いた者は印つける。ここに目があるんじゃないんですよ。いわゆる心眼が開ける。心眼の開けた者は、心眼が開けたというマークをつけられるの。だから、インドの仏像にはこの心眼が開いた印がダイヤモンドや真珠、水晶でつけられているんだな。これ、シナの仏像にはありません。

その第三の目が開かれると、オーラというものがはっきりわかる。だから、医者が見捨てた病人でも、私が引き受けて死んだ者はないでしょう。それから、私があかんと言うと、医者がいいと言う病人でも、ころっと逝くんだよな。ときには私、死ぬ日まで言うでしょう、時間まで言うこともある。これはオーラが見えるから。ただこれは、法令上禁じられている。いつごろまで生きて、いつごろ死ぬでしょうって答えることは、法律は許さぬけれども、私、そういう人には遠回しに、このままでいくと、このくらいで死ぬよっていうことは言って聞かせます。

ことしの春にも、ある人に「今のまんまでいくてえと、三年もたんぞ。了見入れかえて、もう少し一所懸命になれ」と言った。このごろはなかなか一所懸命で、もう大丈夫。だけど「本当に大丈夫でしょうか」と聞く。私が大丈夫だと言っているんだから、これは聞く必要ない。「またいけなきゃ、おれが注意するから、そのときまた、慌てて了見取り返せ」。

　体力に確信がなかったら、人生、心細くないですか。この節、そういう方面を予防する薬の売れ行きのいいこと、いいこと。これはおっかながっているやつが多いからだよ。薬なんか飲んで体力をつくろうなんて、そんな計画は成就《じょうじゅ》しませんよ、薬屋さんにはお気の毒だが。

　ありていに言えば、医者と警察と裁判所と薬屋はこの世に要らないときが来なきゃいけないというのが、私の理想なんだ。医は医なきをもって期すべし。医者になったらもう、医者がこの世の中にいなくても済むような世界をつくれっていうのが、私の信念であり、かつまた主張なんです。お医者さんには気の毒ですけどね。

ものに動じない胆力はあるか

　第二、胆力。わが大日本国の民族は、有史以来、世界に冠絶せる剛毅果敢《ごうきかかん》な民族であったはず。小ちゃな国で、これまで幾たびか外国から攻められて負けなかった。それが昭和二十年八月十五日、すっかり足出しちまいやがった。剛毅果敢なんていうのは昔の夢物語。今の日本人、何と憐れな腰抜けの多いことよ。実際これは何ならんとして滂沱《ぼうだ》たる涙をとどめるあたわず。

　昔は富士を持つ国民は、この国に生まれし人の誇りかな、と言ったものです。富士は相変わらず八朶《はちだ》の芙蓉《ふよう》を中天にそびえさせていながら、その国の民族の多くを見てみろ。男も女も言い合わせたように、臆病で、神経過敏で、人生を生きる仕打ちに耐えかねて、みんなノイローゼ。夜寝られねえの、つまんねえことが気になるの、ましてや少しでも病になろうもんなら、それはもう大変だ。

　この節、関西はどうか知らんけど、関東の人間は、やがて大きな地震が来ると騒いでる。来るか来ねえかわからないのに。笑えない話だが、このあいだなんか、質屋に家財道具みんな預けたやつがある。何で質屋に預けたと思う？　うちへ置いておいちゃ安心できねえからだそうな。「そいつに言ってやれ」って言ったんだ、「朝起きたらすぐアドバルーンに乗ってろ。天は動かねえだろう。おりちゃいけねえぞ」と。

　自分のことは、自分が一番よく知っている。人に聞かれりゃ、痩せ我慢がある。われ剛健容易にものに動じない胆力ありや否や。ご自分で考えなさい。でも、見てくれは堂々たる男子でありながら、肝っ玉といったら、ノミの金玉よりまだ小せえやつがいる。

　胆力がないと、長生きできないんだぜ、いくら体が丈夫でも。胆力のないやつは、体ができてもころっと死ぬんだ。いずれあしたの晩の講釈で、胆力がどれだけ人生に必要かっていうことを説いて聞かせる。

第一、神経過敏でいて、この生きている刹那に、人生のユートピアを感じますか。胆力がないやつには、おかしなのがいて、「きょうはいやにネズミが暴れやがるな、何か悪いことの兆《きざ》しじゃねえか」とか「いつもはうちの屋根にカラスが来ないのに、きょうはどうしてカラスが来てんだい？」とか、そんなことを気にしてる。鳥だもの、羽がある。

あるいは「きょうここへ来る前に、往来で猫が前を突っ切った。それで回り道したから遅くなった」なんてやつがありゃせんか、あんた方の家庭に。「出がけに、げたの鼻緒が切れたから、出かけるのよした」なんてやつがありゃしねえか。文化の先端を行っている時代でありながら、世を挙げて迷信の時代だ。これも胆力がないからだね。

人間とっつかまえて、イヌ（戌）だの、サル（申）だの、トリ（酉）だのって、どういう了見なんだろうね。心弱いてえと、すぐ迷信に陥《おちい》る。じいさん、ばあさんならどうでも構わねえ。失礼、だけど、じいさん、ばあさんにご厄介かけちゃ、相済まないもの。若いやつよく聞け。若い人間が、文化の時代に生きながら、「私、ウマ（午）よ」なんて言うんじゃないよ。もっとも、そういうやつに限って顔が長えや（笑）。

婿を取る、嫁にやるっていうときに、この年回りを気にするやつもいる。

「先様は？　トラですか。こりゃ、お断りしますわ。いえいえ、ほかのことはもう、非の打ちどころございません。けれどなあ、この相性が」

「何でですねん？」

「あたしのところ、ウサギですねん」

「ああ、食われてしまう」

そんなことはないよね（笑）。

それから、今どきまだ日が良いとか悪いとか言っている人があるね。天気予報が良し悪し言うのはわかるけど、大安だとか友引だとか仏滅だとか、何だい、ありゃ？　お弔い出すのに友引はいけない、後引くって言うけど、友引に出さんでも後引くがな、必ず。「散る桜、残る桜も散る桜」で、回向《えこう》している人間も、また回向されるんです。

家を建てるのに、方角がどうだのと気にするやつもいる。暗剣殺《あんけんさつ》北の方塞がりなんていうけど、道の両側に向かい合っているうちは、それじゃ一体どうなるの。どっちかが家相が悪いということになるぜ。やめときなはれ、ばかばかしい、本当にもう。何が暗剣殺北の方塞がりや。北の方頭寒いだけや。

そうかと思うと、姓名判断なんていうのもある。「名字と、名前と、字画が相克《そうこく》すると凶気多し」とか、「病の治らないのも、あんたの名前が悪いからだ、運命がいい名前に変えなはれ」とか、いやだねほんとに。それで病が治ったり、運命がよくなるんなら、のべつ変えてろ。姓名判断の店に行って頼むと金取られるから、公衆電話へ入って、電話帳を片っ端からめくって、通りのいいのに毎日変えていけばいい。「きょう私は、八兵衛と名乗っております」、明くる日は「権兵衛と名乗っています」と変えていきゃいい。悪いことが続くてえと、名前なくなるね。およしなさいよ、姓名判断、ばかばかしい。世界の人間、みんな名前があるけど、そういうのは世界にない、日本だけや。

ことほどさように胆力まことに憐れ惨憺《さんたん》、肝っ玉なんていったって、玉がどこにあるんだかわからねえ。あるとしたらば、さわりゃ、ぱちんと弾ける、あぶくみたいな玉だろう。そんな肝っ玉が何になる。そういう人は、生きる刹那刹那が、さぞ恐ろしかろうな。一歩行っちゃ心配し、二歩行っちゃ心配し、ちょうど薄い氷の上を歩いているようなもんよ。そんな人生に生きてからに、長生きしようなんぞは大間違いだ。生きる力の根本が、そうした弱気でぐんぐん働きを鈍らせちまう。あしたその点を、生理科学から詳しく説明する。

判断力、断行力、精力、能力は充実しているか

さて、三番、四番、これは兼ね備わっていなきゃいけない、判断力、断行力。ひとかどの人間に誰でもなれるようにできている。なれるようにできているけれども、この判断力と断行力

が一緒に兼ね備わっていないと、なれるようにできている人間がなれない。さっき言った、四十にして一家を成すあたわざる男というのは、どちらかがないいんです。

それから、第五番の精力どうだろう？　今の人は、肉体的にも精神的にも精力憐れ惨憺。デパートへ行って、薬品部で「何が一番売れます？」と聞くてえと、ベポー。何です、ありゃ？　私、初めて聞いたとき、高峰秀子（愛称「デコちゃん」）が売れるのかと思った。そうしたら、そうじゃないんだって。男の精力ね、わかるだろう、あれがみんな衰えているらしい。それで、あれ、買いに行くんだって。一本の注射で四十日。一体何です、それ。

これが流行る前、牛の脳の下垂体を移植するということが流行ったね。間もなくやめたけれども、ありゃ牛が気の毒だよ。乳吸われて、皮取られて、肉食われちゃって、骨にされて、その上、脳まで取られている。牛に生まれなくてよかったよ、あんた。

ませているやつになると、もう五十ぐらいからあかんやつがあるね。よくまあ、我慢して生きているな。もし精力を販売できたら儲かるだろうと思うね。私は現在、別に毎日は利用しません。全然入り用のないことはありませんけど、毎日は要りませんから、毎日もう片っ端から売ってもあり余るくらい、これはある。自分でも始末にいけねえほど精力は絶倫でさあ。精力絶倫でなきゃ、これだけの講演、長くできやしませんぜ。何とかして精力のもう少し減退する薬ないかいなと思うくらい。

肉体的精力ばかりじゃない、人生に必要なのは、精神的精力だ。精神的精力が減退するとどうなるかというと、克己心と忍耐力がなくなる。克己心と忍耐力がなくなるてえと、些細なことで癇癪《かんしゃく》を起こして、目くじら立てて怒鳴りつけたりする。克己心のないやつは、もう事ごとに感情の奴隷になって、怒ってみたり、泣いてみたり、恐れてみたりする。忍耐力のないやつは、ものの根気というものが続きません。人生が幅の狭いものになっちまう。

最後、六番目の力が、能力。肉体的にも、精神的にも、人間である以上は人間のできることが何でもできなきゃならんはずなのに、恥ずかしいかな、犬にも劣るような、何にもできねえやつがいるね。だから、できているやつのそばに来ると、おかしいらしい。

私は自分のセーターを一遍編んでいたことがある。そうしたら、十八ぐらいの小娘が飛んで来やがってね、「あら、まあ、大事件だわ、先生がセーター編んでいる」って言うから、「ばかやろう、おまえだって編めんじゃねえか。十八の小娘が編めるセーターを、八十越したじいさんが編めなくてどうするんだ」って言ったんだけど、あんなもの、手を動かしゃ編めるって、ひとりでに。だけど、それが不思議だって言うの。

それから女の頭のカールが上手なんですな、私。お頼みになっても、暇がありませんから、できませんけど。うちの娘だの、野崎（郁子。天風会第三代会長）さんの頭、時々してやることがある。わけないよ。うちにある天風会員の娘が来ちゃ、やってたんだけど、あっ、この小娘が神戸で一、二を争うパーマネントの名人かいと思って、やっているところを見りゃね、あの子だってできるんだもの、一遍見てたらわかっちゃった、何だ、わけねえことだと思って。ただ、あの虚無僧の笠みたいなものがねえから、あれだけは、まあ、しようがねえけど(笑)。ただ、私もお産することだけはできません、どう頑張っても。ねえんだもの、孕《はら》めない。孕ませることも、その相手がなきゃできないから、今見つけているんですがね、せめて天風の第二、本当の男の子こしらえてやろうと思うんだが、これはなかなか候補者がないですよ。お願いしますって言えば、いくらも出てくるかもしれないけれどもね、私の意にかなった者が出ないんで、今困っているんだ。余計なことをお頼みしているんじゃないですから、どうぞご心配なく(笑)。

人は幸福になれるようにできている

以上、挙げ来《きた》り、数え来ったわけだけど、今夜、寝際にもう一遍、人のことじゃなく、わが身のこととして考えてみてください。今言ったとおり、われに頑健鉄のごとき体力ありや否や、さて、胆力はどうだろう？　剛健容易にものに動じないか動じるか、判断力は、断行力は、さて、精力は、能力はと、一つ一つを厳密に検討しなさい。で、こりゃいけねえや、どれもこれも足らないと思ったら、あしたからおいで。

思い切って諦めているやつはそれでもいいよ。「あそこへ行きゃ、もうちょっとましになるかもしれないけれど、せっかくこんなだらしのない人間に生まれちゃったんだから、まあ、今《こん》生《じょう》はこれで我慢しようか」と思ったら、勝手にせい。命はそっちのもの、教えはこっちのもんや。別に私は金儲けしに来ているんじゃないから、余計お弟子ができようと、少なくできようと、そんなことは少しも念頭にはありゃせん。

しかしね、くどいようだけれども、二度も三度も生まれ変われる人生じゃないよ。一遍キューって死んじまうと、二度と出てこられない。たとえお寺の和尚さんが来世があるよと言ったって、嘘、嘘。寺の坊主が一遍死んで帰ってきたんなら、ある程度まで、嘘ごとを信用してもいいけれど、とんでもねえや、キューっとやったらキャーで、もうおしまいだ。

そうして、とくに重大に考えなきゃならないのは、よろしいかい？　今日ただ今、この時の、この瞬間が、ぱっぱっぱっぱっと、過去の絵巻物の中に消えていくということ。しかも、そのリールの回るスピードの速いこと。現在今日、六時にここにおいでになったときのあの景気は、もう再びあなた方の意識の中に感覚すらできないだろう？　次から次へと、どんどんどんどん時は経っていく。時日は過ぎ去る。人生を考える者は、これを考えなきゃ。されば、「ああ、私は生きているな」と自己意識で感覚しているその瞬間は尊い。

「私は生きている」「おれはいる」「われあり」という自己存在をしっかり保持している時間というのは尊いんだぜ。その時間を、悩みで多く生きるがいいか、貧乏で多く生きるがいいか、不健康で多く生きるがいいか、楽しみ多く、嬉しく、爽やかに、朗らかに、のどかに生きるのがいいか、親類集めて相談しなくたってわかるでしょう。

それもこれも、ここに挙げた六つの力を内容量豊富にしなきゃ、なしあたわざるの計画なり。因縁あってここの席にお集まりになったあなた方よ、何も人間は、病まなきゃならない義理張りもなければ、悶えて生きなきゃならない規則もなけりゃ、よろしいか、貧乏で世間付き合いができないという憐れなものでもないんですよ。病も、煩悶も、貧乏も克服して、明けても暮れても、ああ、幸せだなと、明るく、朗らかに、強く、尊く生きられるように生みつけられているんだ。

それを、何も知らないとはいいながら、余計な辞退でもって断っているような間抜けな人生を生きる必要ないでしょう？　もっと幸いにおなんなさい。もっと幸福におなんなさい。本当になれる権利を与えられている人間に生まれて、そこを拒絶する者は、こりゃ、およそ愚か者だと言っていい。

人の数は多いけれど、人間というものの価値認識を非常に低く評価して、「おれなんか、もうだめだ」というような考え方で生きている人間ばかりがいくら増えたとしても、広き意味において、世界の、人類の、本当に生きがいのある世界はできてきませんぜ。どの人間を見ても、病か煩悶か貧乏で苦しんでいるというような人間がうようよ集まったら、本当に明るい世界をつくろうと、どんなに社会制度を改善し、設備をどんなに工夫したって、これは、なしあたわざる計画と言うしかない。人工衛星を何万飛ばしてみたってだめだこりゃ。

結局、人の世は、人、人の集まりであります。そういう人、人という一個の人格が一つの細胞体となって、社会、国家、世界というのができている。この細胞体となるべき一人一人のあなた方が、すぐれた理想どおりの人間である数が増えれば、黙っていたって、この世界は明るくなり、住みよくなるでしょう。いくら付き合いが大事だからといって、われわれは価値のない人生に生きるお付き合いはしなくたっていい。

いいえ、あしたからおいでになって聞いているうちに、ああ、よくぞこういう会を知らせてくれたと、あなた方を紹介した人を、涙を垂らして、後ろ手で拝まないわけにいかないくらいの感激を感じますぜ。そうして、体力も、胆力も、判断力も、断行力も、精力も、能力も、内容量を増やしたときに、「ああ、おれ、本当に幸福になった」と感じるでしょう。

迷えば永久の損であります。悟れば一瞬にして幸福来《きた》る。因縁あって今月今日お目にかかった。そして、私が何十年の間、インドの山の中にまで入って、現地人も知らぬ暗いところで、考えて、考え抜いた人生の集積を、一つのドクトリンとして、これをコンサイス（簡明に）してあなた方に、あなた方の魂に捧げようとするこの計画を、つつましやかに受け取り得るだけの純な人を、私は増やしたいのであります。

二度なき人生、さらんばわが命尊しと、自覚でなくてよろしい、あなた方の気持ちの中に、ただそう感じた人は、自分の人生をマイナスからプラスへと持っていこうとする意欲に燃えてはいないまでも、意欲が出た人だ。そういう人を私はお導きしたい。今夜とっくりと考えて、今夜決定ができなかったら、朝起きて考える、まだ決意ができない、昼も決意できない、さりながら、六時近くなったら、ああ、行こう、そういう気持ちの出た人こそ尊けれ。お導きしましょう。正しいベターマインドはその寸前に決まるという格言もあります。おいでをお待ちしています。

第二章

心身統一の根本義

――心の持ち方の積極化

教えを受ける者の心得

きょうから残る三日間、実際方法のお導きに全力を注ぎます。いよいよあしたから、こうするんだ、ああするんだという方法のお導きに移る前提として、きょうはあまり理論的理解の方面には言及しないで、心身統一の根本義ということに重点を置いてお話を進めていきます。

私があなた方に希望するのは、断然、批判を乗り越えて、すべてを無条件で自分のものにするという気持ちを忘れないでほしいということです。それが、未知の世界の消息を自分のものにしようとするとき、あなた方の会得を完全なものにする一番の秘訣です。

とかくこの現代の理智教養を受けた人間は、自分じゃ気がつきませんが、自分が考えてもわからないことを聞いた場合、なぜそうなるんだろうという疑問を、すぐ自分の気持ちの中に湧かせるのであります。これは自分で気がつかないから、自分はしていないように思うかもしれませんが、じつはそうじゃない。

現にかく言う私も、アメリカやヨーロッパで世界的に有名な学者、識者の教えを受けながら、今言ったような注意を与えてくれる人が誰もなかったから、考えてもわからないことを聞くと、なぜそうだろう、どういうわけでそうなるんだろうと、すぐ「why」「what」という疑問が心の中に湧いてきた。

これはよくないことなんですが、どうしても科学文明の時代に理智教養を受けた人間は、そうなることを余儀なくされるんですな。また人間というものは、自分がそれに向かって本当にうなずき得る共鳴を感じない場合、どんな真理でも、それを自分のものにしようとしない傾向が、自然と心の中に生じてくるという事実があるんです。

それがために、何であのときにあんな気持ちを持ったんだろう、なぜあのとき、わかりもしないくせに、批判しようとする僭越《せんえつ》な態度に出たんだろうと、今になっては後悔しています。しかし、その当時は、自分の態度に間違いはないと考えていたのです。自分ばかりでなく、四十年来こういう仕事をしていると、毎回の講習会に必ず五人や十人そういう人が出てくるのを見て、講習会のときに、これはもう必ず言わなきゃならない言葉として言うようになってしまったのであります。

しかしね、私、四十年前にこの仕事を始めた当時は、まさか四十年後の今日まで、初めと同じような注意を相変わらず繰り返さなきゃならない日が続くとは思っていませんでした。もっと正直に私の始めた当時の気持ちを言えば、二十年も経ったらば、自分の発見も、自分の努力も認められ、私の言うことを文化民族はみんな人生に対する常識として持つことができる時代が来るに違いない、そうして、ほとんどすべての人が私同様、人生に対する理解を正しく持ち、健康も運命も、万物の霊長たる人間として当然のものとして、人生を楽しむことになるだろうと思っていた。

ところが二十年経っても、なかなかそんな時代、来やしません。むしろ、ますます迷って苦しんで悶えているやつが増えてきたというような状態だった。それで、昭和二十年、百八十度のコンバージョン（転換）が、ああいう思いもかけない出来事で、わが国に突発的に生じて、あれが一つのエポックになって、日本国民の全体がもっと無邪気な人生観を持つようになりゃしないかと思ったのが、これがまた全然あべこべ。われわれがかつて思いもかけなかったような、不純な気持ちを持つ者が逆に日に月に増えてきた。

ですから、二十年経ったら、もうこんな前置きは言う必要ないだろうと思っていたのですが、このぶんですと、百年経ってもおぼつかないかと思っています。

私は文字どおり命がけであります。若乃花（初代）が三十九度五分の熱でもって、きょうの相撲が取れないから休むというような報道をラジオで耳にしましたが、かつて私は、毎日毎日八年間、大抵午後は最高八度五分から時によると九度近く熱が出ていた。それでも、真理の探求をやめたことはありません。それも親から離れ、故郷から離れて――離れるって言ったって、同じ国の中でもって所を異にしたんじゃありません、何千里、何万里離れたところへ行って――真理を求めて歩いていた。

文字どおり命をいつ何どき失うかわからないようなことを覚悟の上で研究して、人生を考えている世界の学者たちがまだ発見していない理論と実際方法をお教えしているのにかかわらず、その私の経てきた経験の一切を全然頭に置かないで、大した見識も経験もない、人生に対してきわめて無知で無理解な多くの人が、この苦肉の発見を批判しようとするのに驚かされているのであります。

そうして、そういう人に限って認識を誤っていますから、鶏がダイヤモンドを見たのと同じように、尊いものを尊いと感じないんであります。そういう人は、どんなに本当の実際的な効果を上げる方法としてお教えしても、一応はやってみるかもしれないけれども、信念というものが伴わないから、本当の効果を上げ得ないでいる。全部が全部じゃありませんよ。けれども、毎回、入会してくる会員のうち、無条件に教えを受け入れて無邪気に実行することをいったん心がけた以上、いつまでも変わらずにやっている人というのは、私の目に映る事実からいくてえと、十分の一あるかしらん。

講習会があるたんびにここに来ているにもかかわらず、何年来ても十年一日、旧阿蒙《あもう》のごとき人（進歩のない人）がいます。これは恐ろしいことですが、なかには毎回の講習会のたびごとに聞かされる言葉の尊さに慣れちゃって、その方法の持つ価値の尊厳を正しく感じないで、ただ右の耳から左の耳へとトンネルのように言葉を通過させてしまっている人さえあるのでありますo そういう人は、ただ聞きに来るということだけを一つの道楽にしているんじゃないかと思う。

本当に初めの意気込みのような熱心さで来ていれば、そりゃもう半年経たない間にびっくりするほどの進歩が事実において出てくるはずなんです。それが出てこないのは、尊さに慣れちゃってからに、実行に対してきわめてルーズな気持ちが出てきたからに相違ないんであります。これが恐ろしいんです。同じことをやってても、そのやる事柄の中に本当に信念というものが徹底的に注ぎ込まれているのでなくては、何の効果も上がってきません。これが新しい人たちに対する私のご注意です。

もちろん、初めて聞く耳には非常に物珍しい言葉で響いてくるだけに一所懸命に聞くが、この一所懸命に聞く気持ち、それから、聞いたことを一所懸命にやる気持ち、それを死ぬまで持ち続けるという誓いを自分の心に凛《りん》として立てなきゃだめです。

あなた方の大部分は私と生活を共にしてないから、私がこの教えに対してどういう態度をとっているかということをおわかりにならない。現在、始終私の身近に接触している幹部にでも聞いてごらんなさい。初めてここに入門した人よりも私は爛々《らんらん》たる熱意を燃やしながら、やがてあなた方が教わるであろうところのいろいろな方法に対しては、ただ鞠躬如《きつきゅうじょ》として実行に勤《いそ》しんでいるのであります。

私が組み立てた方法であり、かつまた、この方法によって甦った実際の効果を知っているだけに、導く私が一所懸命に、怠らずにやっているのではありますが、それを教わった人々の中に、実行に非常に緩みのある人を見るとき、私は何とも言えない情けない気持ちを感ずると同時に、何という罰当たりだろうと思うんであります。

求めずして良いえものを与えられたとき、これを「恵まれた」という言葉で表現するのです。あれが欲しい、これが欲しいと志して自分のものにした場合には、これは「恵まれた」のではありません。おそらく、きょうからの三日間、得られるすべてがと言っても決して誇張でないほど、思いもかけなかったものを恵まれるに違いないことを、私はあらかじめ申し上げておく。

望んで得たものでさえ大切なのに、況《いわん》やまして、望まざるに得た大きなえものは、これは本当に心の底からの赤誠《せきせい》を披瀝《ひれき》して、その大きな恩義に対して、天に向かって感謝を忘れちゃいけないことですよ。感謝を忘れなかったら、必ず実行に勤しむはずであります。ですが、こう申し上げてもなおかつ、怠け心のほうが先に立って、とかく教えから脱線する人は、もうこれはご自分で勝手にこの大きな因縁と恩恵とを足蹴《あしげ》にしている人なのです。

私は一度ぐらいは忠告しますが、二度とはしませんよ。昔は非常にやかましく、そういう人には鞭撻《べんたつ》を加えたんだが、それは人数の少なかったがためであります。けど、東京あたりはもうすでに非常に多くの会員を持っているので、いちいち小言を言っていられない。向こうも小言を言われるのは嫌だろうし、こっちでも嫌なことを耳に入れるのは嫌だし、こんな罰当たりに言ってみたってしようがない、「いつかまた再び健康なり運命のほうから、手ひどいおしかりを受けるやつだな」と思っているだけです。

おしかりを受けて、気がついて、立ち上がって、立ち上がれりゃいいけど、転んで杖を探してようやく杖を持って立ち上がろうとしたときに、杖がおっぽし折れちゃったんじゃ、何にもならないでしょう? だから、私が初めての方に最初にご注意しておきたいのが、このことなんであります。

もちろん、古い人で、「おれはもう古いから、あんな言葉聞かなくたっていい」というふうに思っている人間は横着な人間だ。「痛いなあ本当に、顧みて大いに反省した」と感じる人は立派な人間です。

時間がありませんから、小言はこのくらいにして本論に入ります。

「肉体本位」「精神本位」という誤り

私はきのう、天風会説くところの心身統一法という教義のねらいは、万物の霊長としての本当に尊い生命を生かすのに必要な資格条件たる体力、胆力、判断力、断行力、精力、能力という六つの力を現実につくり上げることだと、こう申し上げたね。それは一体どういうわけかということを、まず最初に科学的にきわめて簡単に説明して、それから心身統一の理論理解へとお話を進めたいと思う。

心身統一をすると、どういうわけで、そうした精神的、肉体的な力が非常に豊富になってくるかというと、その説明はきわめて簡単です。いわく、心身を統一して生きるという生き方が、人間本来の面目である、言い換えりゃ、それが本当の人間の生き方であるがためなんです。ところが、こうした簡単な理解が、現代のお互いの文化人の頭の中には、はっきり理解されていません。

現代人の生き方をじっと見てみると、おおむねは肉体本位か、さもなきゃ精神本位か、いずれかにその生活の重点が傾きすぎているという傾向がある。心身の統一が人間の本来の面目か否かということは、常識で考えてもわかるでしょう？

われらの命は、体ばかりで生きているのでもなければ、はたまた心ばかりで生きているのでもない。生命要素の中には、見える肉体と見えざる心があって、この見えるものと見えざるものが相結合して現象界に躍動するのを生命というんでしょう？　これぐらいは、子供だって知っている。どんな慌て者でも、私は肉体だけだと言う者もなければ、心だけだと言う者もなかろう。

ところが、聞かれれば立派なそういう常識的な答えをなし得る人間が、いったん人生の実際生活に取り組むときは、肉体のみに重点を置くか、さもなきゃ精神の方面にのみ重点を置くという偏った生き方を平気でしているのです。ご自分自身考えてごらん。

肉体のみを本位としてこの人生に生きることを、生き方として間違いないという考え方をしている人のことを、学問的には、唯物主義的認識論者《ゆいぶつしゅぎてきにんしきろんしゃ》といいます。名前が大変立派だから、大変いいように思ったら違うんですよ。それから、心の方面のみを本位として、それが生きることの当然の生き方だというふうに考えている人は、唯心主義的観念論者《ゆいしんしゅぎてきかんねんろんしゃ》といいます。名前は大層立派だが、両方とも、ただ間違った思い込みから間違いを言っているだけだ。とくにこの唯心主義的観念論者というのは、宗教信仰に志している人に多いのであります。あるいはまた、ただ単なる精神修養法に没頭している人に多い。

信仰のない人より信仰のある人が偉いように思うかもしれないけれども、天風哲学は厳として宣言する、どっちも同じだということを。間違った信仰なら、しない信仰と同じことですよ。肉体本位に生きることが間違いのない生き方だというふうに思っている人間も、精神を本位として生きる生き方が本当だというふうに考えて、信仰だとか修養に志している人間も、ただ生き方が違うだけで、間違いの両端に立っているということにおいては、少しも相違はないのであります。

とくに現代、多くの人の信仰ぶりを見てみると、見栄でもって信仰している人が多い。本当の信仰を持っている人間というのは、どんな場合であろうと、その心の中に変化は来ないものです。「神常にわれとあり」「仏は常にわれとともにあり」といった信念が牢乎《ろうこ》として抜くべからざるものがある者は、病が出ようが、運命が悪くなろうが、少しも心の中に動揺を感じないはずです。

本当に神や仏が自分と一緒にいるという信仰があったらば、どんな場合であっても心に汚《けが》れは持つまい、行ないに汚れは持つまいという信念が揺らぐことはなく、したがって、よくない病や運命に脅かされることも少なく、脅かされても、直ちにそれを乗り越えていけること必《ひつ》定《じょう》であるはずです。

ところが、「私はクリスチャンだ」「私は仏教の信徒だ」と言って、見てくれだけは大層偉そうに見えても、少しも人格の内容に尊いものがなく、実際の人生生活の機微を詮索してみると、神経は過敏で、病に弱く、運命に弱くて、神や仏が一緒にいるという信念をどこかに忘れてきたかのごとく、醜く汚いものがしょっちゅう心の中を駆けめぐっている、そういう人のほうが実際には多いんです。

宗教への疑問

私も最初は宗教というものをたどりました。けれど、私に与えられたものは何もなかった。現実の人生に望んでいるものが与えられないときに、夢のようなエクスタシーで人生を生きて、そこに何があるんでしょう。私はそれを聞きたいんだ、神や仏を信仰しているという人に。夢みたいなことを喜んでいて、何もつかまえどころのない事柄でもって人生が救われるように思っている者は、遠慮なく言えば、これは一種の信仰マニアです。真理はもっと厳しいものです。

だから、私のこういう言葉に不満を抱く人は、あしたからおいでにならないようにお願いしたい。そうして夢みたいなことで救われるか救われないか、現実を教えられる天風会員とどっちが本当に尊い人生に生きられるかを事実でもって試してみなさい。

私は既成宗教も新興宗教も唱えるところの、いわゆる神なるものに対して非常な疑義を持っています。夢みたいなつかまえどころのないものを、ただひたすらに拝む、信仰する、そして、そうした信者の心にあるのは、自己本位の欲望だけじゃないか。「どうぞ体が丈夫になりますように」「どうぞ家内安全、商売繁盛」、いろんなことを言ってやがる。ただ、そのお願いの後にアーメンとかソーメンとか、あるいは南無阿弥陀仏とか南無妙法蓮華経とかつけているだけ。つけるとつけないとで、そんなに違いがあるんですか。

誰でも人間そういうことは考えているんだ、欲望がある以上。お願いしなくたって、しょっちゅう「もっとお金が欲しいな」「もっと幸せになりたいな」「もっと丈夫になりたいな」と誰でも思っているわね。「もっと患いたいな」「もっと貧乏したいな」「もっと困りたいな」と思っている者いやしません。ただ、信仰のない人間は、それの後にアーメンとか、南無阿弥陀仏とか、南無妙法蓮華経とかをつけないだけだ。それをただつけただけでもって、特別な恩恵がどこからか来るなんて、そんなことあるものか。

天は自ら助くる者を助く。願わなくたって、祈らなくたって、恵まれている者はいくらでもいる。私みたいに朝晩、「現代のおっさんやおばさんが考えているような神や仏がこの世にあるかい」って言っているやつが、のべつ恵まれているじゃねえか。

私、今ある宗教というものは、千年も経ったらなくなっちゃうと思っています。その時代の人間には、天は自ら助くる者を助くという信念が甦っていて、正しい宗教を自分の観念の中に立てるだろうと。そうして初めて理想的な万物の霊長たる人間の集まっている世界ができるんだと私は思っていますがね。

したがって、常に真理の先端を行こうとする私は、もう早くから、命がけの仕事をしている時分から、お守りなんてものは身につけたことありゃしねえ。「自ら省みて疾《やま》しからずんば、千万人といえどもわれ行かん」、これが私の信念だった。それで、今日まで一遍でも神仏なんてものに祈ったことはない。

それは、まだ青年期に、「心だに誠の道にかないなば祈らずとても神が守らん」というあの歌を、心の底から味わったからであります。そうして、先祖に対しても、親に対しても、決して詫びなきゃならないようなことは一つもせずに今日まで来ておりますから、命日であろうと、快く朗らかに思い出して、みんなと語り合っています。

ところが、人間に生まれながら、人間としての生き方をしなけりゃ、運命なり健康なり、よくないことがしょっちゅう人生に降って湧いたように出てきますから、何かにすがらなきゃ生きていかれないという気持ちになる。これは何も現代人ばかりじゃない、未開の時代から今日に至るまで、そういう人間が多数いた。そういう人間が何かにつかまっていなきゃ安心した人生が生きられないところから考えついたのが宗教だといわれている。

しかし、人生は人に頼るべからずということが厳粛な真理だと思いませんか。自分の生命、自分の人生は、どこまでも自分自身が守るべき義務のあり、また責任のあるものだと思いませんか。この考え方が第一にならない限りは、本当の人間としての自主的精神というものは発現してこないんですよ。

いつまでも神や仏に依頼するという気持ちばかり持っていれば、勢い、その人間は、憐《あわ》れな、ひとり立ちのできない人間で終わることを余儀なくされてしまう。何事もない日が続いて死ぬんならいい。しかし、人生は波瀾重畳《はらんちょうじょう》です。思いもよらない出来事ばかりがいつ何どき不意に湧いてくるかわからないのが人生だ。そのときに、いちいち「お頼りします」「おすがりします」「お救いください」という気持ちで生きていて、その人は、よく自分の人生を切り開いていけるかいけないか、若い人にはわかるだろう?

かりそめにも本当に価値の高い自分の人生を生きていこうと思ったらば、頼るな、すがるな。信仰を持っているやつは、ただひたすらに「神にすがれ」「仏に頼れ」と言う。だけど、そんなものに改めて「私お頼りします」と言わなくても、真理は常にあなた方を守ってくれているのです。

ブリルの受け入れ態勢をつくる

さてそこで、心身統一の生活に入るとどうなるか。あなた方の考えているような神仏というようなもんじゃない、もっと大きなものが、われわれの生命を守る事実を示してくださる。それは何だというと、生きとし生けるすべての生物を生み出し、生かしてくだされている、宇宙本体の持つ根本エネルギーです。このエネルギーを近代科学は「ブリル」（Vril）と名づけています。

昔、まだ科学が今日のごとく発達進歩していなかった時代、何だかわけがわからないけれども、この現象界に不思議な働きを行なうものがあるということだけはわかった。それはそうでしょう、太陽を見ても、星を見ても、月を見ても、また一年三百六十五日の間に生ずる春夏秋冬の季節の別を見ても、昼あり、夜あり、昼夜寒暖温熱水火、時が来りゃ必ず花が咲いて、時が来りゃ必ず花が散ってからに、枯れ枝になるというような不思議な現象を見ると、何かこう人間の考え及ばないような偉い力を持っているものがあるんだと考えたんだ、昔の人間が。それは何だろうと考えるよりも、その現象に対して、もうひたすらに恐れ畏《かしこ》んだあげくに考えついた名前が、神・仏だ。

要するに科学理智のいまだ未熟の時代の人間が、考えつかないところから考え出したのが神という名、仏という名なんだ。同じものなんだぜ、仏も神も。ただ信仰の態度が違うだけなの。そして、まず初めに神がこの世にあって、この宇宙をつくったという説を唯神論というんです。それから、この宇宙ができてから神様が生まれたんだというのを汎神論という。いずれもこれは、考え方の上からいくてえと、神なるものを偉く見せようとするこじつけなんですよ。

初めにあったのは、現在ある宇宙をつくり出す「気」だけだ。気が凝り固まってできたのが宇宙なんだ。神でも仏でもありゃしねえ。その気を、近代科学がブリルと名をつけたんです。すべてのものを生み出す力、すべてのものを生かす力、これがブリル。

心身を統一する者は、この力を命の中に思う存分受け入れられる態勢がつくられたことになるんです。ちょうど放送局から送る電波を完全に受け取るダイヤルを回したと同じような状態に命がなるわけです。どんなに精巧に組み立てられたラジオのセットでも、送り来る電波の波長にダイヤルを合わさなきゃ、ツーともカーとも言いませんね。

よし万物の霊長であろうともだ、このブリルを命の中に完全に受け入れられる態勢をつくらなきゃだめなんです。いくら信仰してもだめ。受け入れ態勢はただ一つ、命を形成している二大要素である心身を、一つのものに結ばなきゃだめなんだ。すると、善人だろうが悪人だろうが容赦ない、この当然な資格をつくった者の命の中には、思う存分ブリルが、求めずしても与えられるようにできているのが、この宇宙に存在する真理なんだ。

だから、心身を統一すると、期せずして人生建設への根本基礎をなすところの六つの力、体力、胆力、判断力、断行力、精力、能力という力が増えてくるのは当然でしょう？

朝から晩までキリストと一緒にいるような気持ちになってアーメン、ソーメン、アーメン、ソーメンと言ってみたところで、釈迦や如来と一緒にいるようなつもりで南無阿弥陀仏、南無妙法蓮華経と言ったって、この力はもらえやしませんぜ。ぴったりとこれを受け取る受け入れ態勢が用意されない限りは、どんなにほかの方法をやったって、この力を自分のものにすることはできない。

愚かなるかな、私は最初、一所懸命に神頼み、仏頼みしていたが、ちっとも何ともなりゃしない。そして、第二弾に行なったのが医学の研究で、これがまただめ。そうして苦しんだあげく、数十年の歳月を費やして人生哲学を専攻した結果、今あなた方の耳に入れるような、次から次へと響いてくる真理によって、私は今日あるを致した。

どんな人間だって、自分の救われた現実に対してのみ、本当に心からの尊敬を感じるものです。したがって、私は私の教える方法に対しては絶対の責任を負うと同時に、絶対の信念でもって、この教えを説いているのであります。

ですから、私は「こうしたほうがいいように思います」とか、「どうもそうすることがいいんじゃないかい」とか、そんな生ぬるいことは言ったことがない。「こうしろ」「ああしなさい」「そうすりゃいいんだ」と、どんな場合があっても、私は必ずピリオドをつけているでしょう。あいまいなコンクルージョン（結語）はつけない。

私の言っていることが嘘か本当か、あなた方が、きょうから教わる心身統一法を実行に移してごらん。五十年信仰に三昧しているよりも、心身統一法を一カ月やるほうが、本当にあなた方の生命の中に、本当の生きがいが生まれてくるのを自覚できるから。何はさておき、今言った六つの力が次第次第にボリュームを増し、内容量を増やしてくる、その事実は、あなた方を感動せしめずにはおかないのであります。

心身統一のための四箇条

さあ、ここまでわかったら、次に必要なのが、さらばいかにすれば心身を統一できるかという重大な理解であります。いかにすれば心身の統一ができるかといえば、まず心と体という二つの生命が、生きる場合に侵しちゃならない一つの法則があるということを知らなければならない。これを知らずに生きている人が多いのであります。

何か人間というのは偶然にこの世に生まれて、偶然に生きているように思っているから、自力で生きられるはずの人生を自力で生きられず、わけもわからないものにおすがりしてお力をもらおうなんて計画を正しいもののように思っていたというのが、未開時代から半文明の今日に至る人間の心理状態なんです。だが、これはとんでもないこった。心にも体にも生命がある。そしてその生命には侵しちゃならない、守らなきゃならない法則が厳として存在する。

本当に信仰というものが尊いならば、この法則を神なり仏なりが教えてくれそうなもんだね。誰しもが心に持つインスピレーションがある。そのインスピレーションの中にひらめき出しそうなものだ。

ところが、よく考えてみりゃ、神だ仏だっていうのは人間が仮に名づけているものなんだからね、何も宙にふわふわ舞っているもんじゃありゃしないもの。筋道の違うところから、こいつをいくら自分のものにしようたって、ものにならないのが当たり前。まして況や、心や体の生きる道を知らないで、ただおすがり申す、お頼み申すじゃ、何の恵みも起こりゃしません。ただ一時的になんとなくこう、爽やかになったような、気楽になったような気持ちを感じるだけだ。けど、人生は夢の世界じゃない。ただそんな気持ちになっただけで救われるもんじゃありゃしませんぜ。どこまで行っても、しっかりと精神生命、肉体生命に宿る法則を厳守していかなきゃ。

そこで、第一番にどんな法則を必要とするかというと、精神生命の生活態度、易しい言葉で言うと、心の持ち方、これが第一に厳重に守られなきゃなりません。ところがどっこい、なかなかもってそんな持ち方なんていうものを心がけている人なんかありゃしませんよ。仏壇や十字架を見たときだけ、何となくこう清らかな気持ちになったような気がするだけでね、それ以外のときというのは、犬や猫に対しても恥ずかしいような気持ちを持っている人がずいぶんいるんだから。

人生あくまでも厳しいもんであります。どんなことがあっても、この心の持ち方を第一に注意しなきゃいけない。

第二に、今度は心の使い方だ。肉体のほうは、やはり同じく生き方が一番先に理解されなきゃいけない。そうして第二は使い方。この使い方というのは、つくり方と言ってもいい、同じ意味になってくるから。

どうです？　一遍でもこういうことを考えたことあるかい。大抵はただもう生きられているから生きているという生き方の人生に生きている場合のほうが多くない？　生きられているから生きているという生き方は、犬や猫だってやってんだ。夜が明けたから目が覚めたんだ。腹が減ったからものを食ったんだ。飲み食いすりゃ出さなきゃならないものがあるから出したんだ。また夜が来たら眠くなったから寝たんだ。

早く言えば、寝ちゃ、起きちゃ、食っちゃ、垂れちゃ、寝ちゃ、起きちゃ、食っちゃ、垂れちゃ、その間いろんな世迷い言や愚痴を言いながら、大して偉くもならず、一年一年と積み重ねて、何年か経ってぽーっと泡がつぶれるようにこの世を去っちまうというのが、もう人という人の事実じゃないでしょうか。危なくすると、あなた方もその仲間の中に入らないか？　もしもここに来なかったならばという言葉を添えますが。

では、第一の心の持ち方とは、どんな持ち方か。それは、いかなる場合があろうとも、積極的な心の持ち方をする。使い方は、常に観念を集中する。肉体のほうはというと、生き方は常に自然法則に順応せよ。第二のほうは、使い方。常に訓練的に積極化せよ。心にも二箇条、肉体にも二箇条、これが守られれば、何の信仰もする必要はない。このほうから来る効果のほうがはるかに現実的ですから。さっきも言ったとおり、ぐんぐん生きる力がボリュームを増してくる。ブリルが条件なしに命の中に入ってくるから。

講習会で教えることとは、この一番先に必要な心の方面への実際方法。肉体のほうは、やってたらば十日も二十日もかかる。方法は本（『真人生の探究』『錬身抄』ともに天風会刊）に書いてあるから、その本を読むとわかります。

ただ、何もかも本を見りゃわかるとは思うでしょうけれど、未知の世界の消息は、印刷から得た会得ではいまだし、人格と人格とをぶつけ合った理解でないと、本当に自分のものにできないんであります。ですから、私が生きている限りは、私の生の人格をあなた方の生の人格とぶつけ合って、この会得を正しく導く努力をいたします。

心の持ち方の積極化がすべての基礎

そこで、この四つの心と肉体に絡まる各々の法則の中で、何が一番先に大事か、どれを一番先に解決することが先決問題か、これが心身統一の根本義をなすのであります。家を建てる場合に必要なのは、完全な設計とともに、基礎工事をまた完全に施すことでしょう？　どんな腕ききの建築屋が来たからとて、基礎工事が不完全なところにゃ立派なものは建ちません。けだし心身統一の理解が根本的に明瞭になっても、基礎的手段である心の態度の積極化ということが本当に企てられないと、努力むなしく九仞《きゅうじん》の功を一簣《いっき》に虧《か》く（長年の苦労や努力も最後のわずかな失敗から不成功に終わることのたとえ）恐れがないとも限らないんであります。

まして、この肉体方面の方法は、聞いても読んでも、どっちにしても会得しさえすれば、すぐ実行に移そうと思えば移せる事柄ばかりであります。というのも、現在の肉体という形の見えるものを相手にすることですから。しかし、できることにはできるけれども、何をおいてもこの心の持ち方の積極ということが正確に保たれないと、実行するそばから崩されてしまう。

それから、心の態度が積極化されないと、同じ方法をやるのにも、強い意志がこれをしっかり抱きかかえてくれないから、ともすればその実行に緩みが出てくる、むらが出てくる。あるときには非常に熱心にやり、あるときにはやらなかったりする。

日曜行修会といって、日曜日に大勢で集まって天風会の教義の実行をする催しが各地にあります。ところが、俗物当時の気持ちと同じように、日曜ぐらいは朝寝をしたいなと思っているやつは、朝出てきませんわ。そうすると、初めはばかな勢いで行ってたやつが、二回、三回、五回、十回となると、心の態度が絶対的に積極的になっていない人間は、「嫌だなあ、こんな寒い日に朝早く」なんて思いはじめる。さりとて、行くと言った以上、行かなきゃ、また笑われるだろうとか、変な見栄で行くやつも出てくるわけだ。

しかし、そういう気持ちでやると、やるにはやっても実績が上がってきやしません。何をするにでも、心の態度が積極化されないと、本当の緩みなき力でずうっと一貫してやり遂げることはできないんであります。だから、心身統一の各箇条を教わって、やることに志してみたところで、一番先にこの精神態度、いわゆる心の持ち方が積極的でないと、初めの感激もいつか消え去る。

考えてみるというと、天風会に来る前と今と五十歩百歩、あんまり変わらないような、秩序のない、系統を無視した、真理から脱線した生活を行なっている人も、相当あるんじゃないかと思う。そういう人はきっと、健康なり運命なりが、また悪くぶり返してきます。それは、そういうふうにできているんだもの。

正しきものに従えば、決して歪めるもの、正しからざるものは出てこない。自分で正しいことを行なっているようでも、その行ないの中に正しからざる不純なものがあり、歪めるもの、汚れたものがありゃ、必ず結果においてよくないものが出てくるのは当然であります。なぜかといえば、この世の中は、すべて蒔いた種に花が咲き、実がなるようにできているんだ。これを、コンペンセーション（compensation）の法則という。

償いを受ける報い、これがコンペンセーションです。ストーンといくと、ポーンとリバウンドしてくるこの状態をコンペンセーションという。打てば響く、それと同じように、心の持ち方が積極的にならない限りは、どんなことをしても、ただ心身統一法を一所懸命やったところでもって、九仞の功を一簣に虧いてしまう。基礎的工事の不完全。

なぜかということは一目瞭然でわかる。人間の心は、人間の生命の根本骨子をなしているからであります。もっと科学的な言葉を使えば、人間の生命現象の一切は、目に見えない精神作用に働かされているということを、今の人は知らない。まったく気の毒なほど考えていません。現代人の病を治し、人の命のことを考えなきゃならない医者の学んできた医学が、すでにそれを教えないんですから。

こう言うと、「それはあんたの習った時代の医学だろう」と言うかもしれないけれど、五十年前も今もちっとも変わりがない。とくにドイツ医学を学んできた人は、より一層、心の存在なんていうことは考えていません。ただ細胞に現れた生活現象だけが、医学の対象となっている。心の持ち方なんていうのは、医学のほうじゃ全然教えやしねえ。

だから、不眠症なんかに罹《かか》って、睡眠薬をやっちゃ危険だというような状態になった病人に、「どうすりゃ、先生、寝られますか」って聞かれるのが、医者は一番困る。親切な医者でも、そうなると中《ちゅう》っ腹《ばら》になって答えますよ。

「どうすりゃ寝られるって、考えてごらんなさいよ。あんた、もう睡眠薬が効かないんで、これ以上睡眠薬をやると死んじまう。医者として、あなたの命にかかわるような薬はあげられん。しかしよく考えなさいよ、あんたの命だろう？　赤ん坊だって寝てんだぞ。あんた、眠れない、眠れないと思うから寝られないんだ。今夜から眠くなるまで寝なさんな。そのうちに寝られる」という答えが関の山だよ。

言われたほうの病人、一時は「なるほどもっともだ。寝られるときが来ると寝られるだろう」と思ってうちへ帰る。さあ、床へついて、それじゃ、医者の言ったとおり、そんなのんきな気持ちになれるかって、なれないでしょう、普通の人間だったら。またぞろ、そんなこと言ったって、もしもこのまま寝られなくなっちゃったら死にはせんかと思ったら、いよいよ目がさえてくるわ。

それでまた医者のところへ行って、「きのう先生が言うとおり思ったんですが、思えば思うほど心細くなって、どうにもこうにもしようがなくて、今じゃ、気が違いそうになります」って言ったら、医者は「もう勝手にしやがれ、私にはもうどうもこうもできやせん」って、こう言います。

実際にそう言わなきゃいられないほど、それは医者にはわからないことなんだ。正直に言う医者もある。「これから先は、医学の範囲じゃないわ。精神修養しなされ」なんて言って、逃げちまうやつもあるけど。逃げるほうはそれで済むからいいけど、逃げられたほうじゃ、困っちまうがな。

これは、けだし心の積極化というものが徹底しない結果に生ずる事実なんです。

心が積極的になってない人というものはね、実際われわれが見るてえと、ようまあ、あんなくだらないことを考えているわというようなことを平気で、平気というよりも真剣に考えていますわ。

二十年、三十年、心身統一法を実行している幹部のようになれば、もう私と話をしていても、お互いの考えの中に食い違いが出てきません。けれども、まだ五年や十年ぐらいだというてえと、こうやって離れて私の話を聞いているときは、「なるほどな」って感激しているが、面と向かってひざ突き合わせてからに、こと人生問題でも話し合うときになると、「あの先生の言っていること、われわれの考えと違っているようなんだが、どっちが正しいんだろう」と思う。

本当言うと、自分のほうが正しくないんですがね。生きてる層が違うんだ。あんた方が気にすることを、私は気にしない。あんた方が心配することを、私は心配しないんだ。あんた方がびっくり驚くことを、私は驚かない。

今、大きな地震でもあると、いきなりあなた方は逃げ出すでしょう。逃げ出すときの考えというのは、みんな決まっています。「とにかく、つぶされたら大変だ」。そして、私みたいにじっと立って、皆さんの行動を見ていると、「あの人ばかだ、何もわざわざ好んで立っててつぶされなくたってよかろうに」と思う。

つぶされるかつぶされないか、わかりもしねえんだ。それで慌てふためいて出ていきやがって、階段から落っこちて腕でも折りゃ、そのほうが損だということを知らねえ。こっちのほうは、そういう考え方でいく。

あるいはつぶされるかもしれません。けれど、つぶされたら死ぬだけじゃねえか。しかし、今までずいぶん大きな地震に遭ったけど、つぶされずにいるから、必ずしも地震のためにつぶされるとは限らねえだろう。それなら何も驚くことはねえだろう。考え方違うでしょう? あなた方が聞くてえと、「あほかいな」と思うんだ、この考え方は。私があなた方に聞くてえと、「あほかいな」とやっぱり思う。

空襲のサイレンが鳴って、間もなく敵の飛行機が波状的に入ってくる。すると、大抵の人が、警戒警報のときはともかく、さすがに空襲警報が鳴って、頭の上へ敵の飛行機が来たら、早く壕の中へ入れ入れというのが、あのときの常識だったね。私のうちでは、私をはじめとして家族一同、犬まで壕には入らない。入りたくても壕ねえもん。ない壕には入れませんよ、こしらえないんだから。

　人は「何で先生のところにはこれだけの品物があってからに、先生という大事な人が、空襲警報が鳴っても壕に入らないんですか」って言うんです。しかも、軍の防空司令官が私のところへ来て忠告したことがある。

「じゃ、壕に入ると、どんな爆弾が落ちても無事なのか、おい」

「いや、そりゃ、まあ、直撃弾じゃだめだよ」

「そうだろう？　壕に入ったら、壕に入っただけで何にもできねえなあ。こうやって物干しの上にいりゃあな、どこに爆弾が落ちたっていうことがわかるわ。そうしたら、大事に至らない間に手っ取り早く消すという手段も工夫できるだろう。壕の中に入ったら、あき目は閉ざされ、何にもわかりゃしねえ。みんな壕に入っちゃったら、火事は燃え放題だい。誰が一体全体、本当に防空事業に努力する？」

「……それもそうですな」

「それもそうじゃねえ、それが本当じゃねえか。だめだよ、そんな防空司令官じゃ、東京みんな焼いちまうわ」と言ったら、果たせるかな、焼いちゃったね。

　私のうちには、物干しの上にしつらえた物見台があるんだ、十畳ばかりの広さで。あのとき私がそれに駆け上がると、うちじゅうの者がみんな上がってきやがった。「きれいですね、きれいですね」と。水族館のイカが行列してくるようだ。だから、空襲警報が鳴ったからといったって、現に前の町が焼けていたって、恐ろしくも何ともない、われわれは。

恐ろしがっても恐ろしがらなくても死ぬときは死ぬと思ってりゃ、恐ろしかないでしょう。それが、あなた方と少し違うんだが、結果がこんなに違っちまうから、話が合わないんだ。万事諸事それなんだ。だから、やはり、遠くから見ておいで。先生というのは、あんまりそばへ近寄らないほうがいい。あなた方が偉くなってから近寄ると、本当に味わいがわかるけれども、あなた方ができないうちに近寄ると、「来てみればさほどでもなし富士の山」っていう失望を感じるよ。

心と肉体は一筋の川の流れ

これだけの親切な話をしているから、さぞかし身の上話を打ち明けたり、苦労煩悶《はんもん》等を言ったらば、懇切丁寧に先生が相談相手になって慰めてくれるだろうなんて思って来るやつがある。昔は一部始終は聞かなかった。「それはわかったたい。そんな話は、おれ聞きたくないから帰れ」と、昔は言ったものです。東京では、今でもそうやっています。

神戸のほうには、多くの方々が大変喜んでいるそうですから、私もとめやしないけど、身の上相談所っていうのがあるんだってね。ぷっ、東京にありゃしねえ、あんなもの。東京で設けると言ったら、私が黙っていましょうか。

しかし、神戸にはぜひ必要なんだってね。忙しいのに必ず水曜日に行っちゃ、聞いているほうがノイローゼにかかりゃしねえかと思うほどくだらねえこと聞かされる。すべての答えは簡単に結論づけられるんですよ。

「もっと修行して心を積極的にしなさい、そうすりゃわかります」

これが一番いい。これは逃げ言葉じゃないぞ。本当に心が積極的になりゃ、現在感じている煩悶や苦痛なんていうものは、まったく朝日の前の霜のように消えちまう。なぜかといえば、生命運営の一切の根本中枢が心なんだ。

それを多くの人が知らない。だから、目に見える肉体だけが、生きる力があって生きているように思って、何か美味《うま》いものでも食って栄養をとるか、強壮剤でも飲んでりゃ、人間っていうのは丈夫に生きられるように思っている。これが文明民族だっていうんだから、まったく腹抱えて笑いたいわ。

簡単な事実であなた方の無明《むみょう》の迷いを覚ましてあげる。人間の肉体が生きているのはどういうわけかというと、みんな心が生かしているっていうことを説明するからね。われわれの肉体、これ、どうして生きている？　これからまず考えていかなきゃ。こう言うと、「どうして生きてるって、生きてるから生きてる、答えは簡単ですよ」。それじゃだめなんで、人間の肉体は、三つの条件が、この生命を保つ役割を行なっている。

三つの条件とは何だというと、息をすることと、栄養を吸収して新陳代謝のために燃焼作用の材料を送り込むこと、燃焼作用に伴って生ずるところの、いわゆる薪《たきぎ》でいえば灰だ、生理学的には老廃物と名づけているが、それを排泄すること、この三つ。呼吸の作用と、栄養の吸収作用と、老廃物の排泄作用。この三つの条件の中に、血液の循環だとか、肺呼吸だとか、あるいは各臓器の運営される作用が含まれているわけだ。これを肉体生命維持の三大条件という。だから、この三つの条件が完全に営まれている限りは、肉体はどこまでいっても完全であり能《あと》うのであります。

ところが、この三大条件は、心がこれを行なわせているんだから、心の態度が積極的でなくなると、この三大条件にも、調子の乱れが出てくる。これが、多くの人たちの気のついてない消息なんであります。

「何でおれ、このくらいの病が治らないんだろう」という人、いくらいい医者にかかっても、どんな薬を飲んでもよくならないような病を持っている人あるだろう？　それで、思案に余って医者に相談すると、「何しろあんたの体はアレルギーでね」と、こう言うんですよ。すると、言われたやつは、わからなくても、「ああ、そうですか。アレルギーで、はい。アレルギーって何です？」って言うと、「そりゃあ、素人にちょっと説明できないが、一口に言えば抵抗力減退だな」。

するともうそれから先、知恵のある質問はしませんよ。知恵のあるやつなら、「それじゃ、その抵抗力を強くしてください」と言うだろう。そうすると、医者は困っちまう。「それは難しい。何しろ、そういう弱い体に生まれついてるのだから」と、逃げちまう。これをね、徳川無声と柳家金語楼もテレビでやってるけど、「こんにゃく問答」という。しかし、人生、こんにゃく問答じゃ解決しない。

この三大条件が、どうして心によって行なわしめられているかということがわかるてえと、そんな間抜けな問答も起こらない。息をすること、老廃物を排泄すること、あるいは栄養を吸収する作用等、ことごとく直接的にこれを行なうものは五臓六腑であります。ところが、その五臓六腑がすべての作用を行なうもとをなしていると思う浅はかさに、大抵の人は気がつかないんですよ。

操り人形がどんなに巧妙な所作をしても、それは操り人形の力じゃないでしょう？　操る糸によって動かされているだけなんだ。五臓六腑というのも人形と同じで、独自的可動性はないんであります。そういう五臓六腑を動かしている操りの糸にもたとえるべきものは何だというと、神経系統。これが大事なんだ。

命を完全に生かしていこうとする企てに対して、動物性神経、植物性神経という二つの系統別に分かたれる神経が、命の一切の芯をなしている。丈夫に生きられるのも、また、病の場合にその病を治す自然良能という尊い力も、みんなこの神経系統の中に入っている。だから、肉体健康の根本条件は、神経生活機能の強健ということが、何よりも見逃すことのできない、侵すべからざる金科玉条《きんかぎょくじょう》なんであります。

そもそも大事な神経系統の生活機能を本当に頼もしい強さにするのには、直接的には中枢神経が強くならなきゃだめ。そうしてさらに、中枢神経を強くするものが脳髄府であります。脳髄府とは何だというと、この中に心の働きを行なうものが入っている。いわく大脳、小脳、延髄。

この説明によって豁然《かつぜん》としてあなた方は悟りを開かなきゃいけない。なるほど今まで肉体は肉体、心は心と別々に考えていたが、生命の生きている状態をひそかに分析的に解剖的に考えてみると、何だ、一切合財、心が行なっているんじゃないかと。

そうすると、目に見える肉体という一つの現象物体も、じつはその源を訪ねれば、形見えざる心であったかということがわからなきゃいけない。そうです、心、肉体と別々の名前で呼んでいても、その生命のあり方を厳密に検討すると、まこと切るに切れない一筋の川の流れである。

さて、一筋の川の流れであるとしたらば、考えなきゃならないのは、この川の全体の流れを清くするのには、源から清くしなきゃいけないということでしょう。源清からずんば末おさまらん。しかるに、病になったり、運命が悪くなると、ただこっちの方面（肉体）だけ何とかすりゃ解決はつくように思うのが、こういう真理を知らない、いわゆる凡夫という輩《ともがら》の常である。

とくに病のときなんていうのは、心なんて全然考えやしねえ。そうでしょう？　それ薬だ、それ注射だ、それ転地だ、さあビタミンだ、カルシウムだ、さあレントゲンだ、それ医学博士だ、病院だ、それ何だかんだ、いろんなものにすがるばかりだ。それも効き目がなくなると、思案に余って、やむを得ずお寺だ、お墓だ、とこうなる。

私は四十年間、幾多の人、とくに難病、不治の業病にかかっている人の相談相手になっています。医者で治る程度の病なら、私のところに来やしねえもの。まさかにこんな仕事をしようとは思わなかったよ、お医者とお寺の間の才取り（仲介）をするとはね。

このあいだも東京で大笑いしちゃったの。柔道五段の心理学者が神経衰弱にかかって、その上に胃潰瘍にかかった。どうです、念が入っているでしょう、柔道五段で、心理学者で、神経衰弱で、胃潰瘍だっていうんだから。それで、結局私のところへ来て治った。そうしたら、当人及びその兄なる者の感想の言葉がいいや。

その人、毎日毎日、病院から通っていた（当時、天風会の講習会は護国寺にある月光殿で行なわれていた）。普通、病院から寺に行くと言えば、大抵、人生一巻の終わりとなったときだ。病院から寺へ行きゃあ、その次は焼き場へ行く。焼き場から今度どこへ行くかと言えば、泥の中へ入るんだ。それで、兄貴が言うんだ。

「私の弟は、病院から毎日寺へ来ています。寺へ来て、どんどん生き返っていきます。こんな不思議な現象を見て、兄弟手に手を取り合って喜んでいます」

寺に行こうと、焼き場に行こうと、生き返っちまいますよ。真理によって生命に大きなボリュームを与えるんですからね。源から生きる力を流し出すんだもの。

ブリルという無限無尽蔵の宇宙エネルギーを、心を通じて生命全体にずうっと流し出しゃ、ほかのことは全然しなくたっていいんですよ。薬を飲み、医者にかかり、注射をすりゃ必ず助かるとしたら、現代のように医者が多くて、病院が多くて、薬が多い時代に生きている人間、風邪一つひかないはずじゃねえか。ところが何とも義理がたいのか、人情があるのか、いたずらに博士や病院の増えるに相呼応して、何ともまあ、病人の多いこと多いこと。すまねえとでも思っているんでしょうね、せっかくああやって医者もでき、病院もできたのに、丈夫じゃあ、どうも恥ずかしくて往来歩けねえっていうんで、病になるのかなあ。まことに人々の心理状態を疑わざるを得ない。しかし、何と思われようと、丈夫なことが一番いいだろうと思うが、どうだろう。

私は丈夫なときと、弱いときと、さんざん味わってここまで来た。「世界中の金みんなやるから、おまえ、もう一遍昔のような弱い体にならんか」って言われても、ならへん、ごめんこうむるわ。たとえ監獄にぶち込まれても、現在のように丈夫なほうがいい。

何にしても、本当の丈夫さをしみじみ味わったことのない人は、丈夫さの愉快さを知らねえかもしれないけど、楽しいもんだぜ。どこもどうもないっていう日ぐらい楽しいものはないんですぞ。

消極的な心の態度の悪影響

心の態度が本当に積極化されるという決定的な状態に到達すると、いつ自己を顧みても、明るく朗らかに生き生きとして勇ましく生きられるという気持ちになれる。尊からずやこの気持ち。

あなた方に金をふんだんに持たせたって、地位をどんなに上げてやったって、どんな自由のできる身分を与えたって、最初の二、三日こそ、多少明るく朗らかに人生勇ましく生きるかもしれないけれども、慣れればすぐ尊さを価値高く認識しないような横着な気持ちになるだろう。「隴《ろう》を得て蜀《しょく》を望む」だ。そうすると、すぐ明るさも朗らかさもなくなり、生き生きとした勇ましさなんていうのはどこかへやっちまって、やっぱり、ヘチマが根切られたようになっちまう、しょぼーんと。

だから何をおいても、この心を積極化することが第一だ。積極化しなきゃ、その影響はどんどんどんどん肉体に容赦なく現れてくる。しかも、あなた方は、日常の経験でもって、感情が心に起こると、その感情どおりの変化が肉体に現れるということは知っているはずだぜ。

腹が立ちゃ、腹が立ったような様子になるし、悲しけりゃ、悲しいような様子になる。どんなに器用なやつだって、いきなり泣いたときに出るような涙は出せないだろう。胸にぐうっと込み上げてくるものが涙になるんだもんな。恥ずかしけりゃ、赤くなるだろう。とぼけた慌て者が恥ずかしがっているときに涙が出ちゃったり、泣かなきゃならないときに、真っ赤になってからに、恥じらっちまうなんてことないはずだよ。

しかも、感情たるや、そもそもどこに起こる？　心に起こる。肉体に感情が起こるんじゃありませんぜ。目に見えざる心に、あるフリクション（摩擦）が起こって生ずる現象を感情というんだ。この感情のさまざまによって、肉体に咄嗟刹那、いろいろな変化が起こるということを知っていながら、人間が消極的な、気弱な、勇気のない、憐れな、神経過敏な状態になって怒ったり、泣いたり、怖れたり、憎んだり、嫉《ねた》んだりすれば、目に見える肉体の外に現れる事実よりも大きな恐ろしい変化が体の内部に生じてくるということが、なぜわからないんだろう。

そのくせ、臆病なやつがびっくりこいて貧血なんか起こすと、「ああ、ありゃ、驚いたせいや」なんて、人のことだと平気で言ってるじゃねえか。眠くて臥所《ふしど》へ入った。本来なら、眠いからすぐ寝るはず。ところが、何か気にかかることをひょいと思い出す。さあ、寝られねえ。眠いはずなのに、二時、三時までも寝ずにいるという人間さえあるだろう。これを考えてみたときに、心のあり方がそれはもう微妙な影響を生命にしょっちゅう与えていることがわかりそうなものだ。

ただ単にそれだけ考えても、本当に心の持ち方の重大さがわかる。況《いわん》やまして、学術的にこれを研究すると、より一層、どんな事情があろうとも、心の態度は消極的にしちゃいけないということがはっきりわかるんであります。

それはね、人間が怒ったり、怖れたり、悲しんだりすると、すぐ命を守る作用の中でも一番大事に考えなきゃならない血液とリンパというものが、みるみる劣悪になるんであります。とくに血液の中には、素人でも知っているだろう、黴菌《ばいきん》や細菌を食い殺してくれる尊い作用があります。食菌作用という、この作用が衰えちまう。衰えると憐れ、貴重な人間の生命が、黴菌や細菌のとりこになっちまうんであります。

近代、若い男女子の間に、本当言ったら、それほどまで恐ろしくはない黴菌であるはずの結核菌に冒され、憐れ短い一生をはかなく終えちまうやつが多かった。薬のパスができた、マイシンができたといっても、ああいう病にかかったら長生きができないと多くの人に考えられています。

終戦後はとくに十人に八人までが結核に冒されていない者はないというようなありさまなのは、人々の心の態度がおしなべて積極化していなくなったからです。直接的には、細菌に対して抵抗力を働かし得る血液が、その力を衰えさせた結果だ。だから、心が積極的で、病に対しても気強い人間は、仮にああいう病に冒されても、別に大した手段を施さなくても治ってしまえるという事実を、私は自分の体で体験し、知っています。この点は、親に対して感謝しています。修養しない前も、普通の人よりいくらか心が強かったために、その強い心が、幾たびか危篤に陥《おちい》った私を病からすくい上げてきたんだと思う。

若乃花も、生理解剖のほうから言えば、九度五分も熱があれば、土俵に出て戦ったら、これは障るかもしれません、医者のほうから言わせりゃ。天風哲学から言ったら、勝負にゃ負けるかもしれないよ、熱があれば、生理的に力が十あったものが五に減るかもしれないから。勝負には負けるかもしれないけど、病では死にませんよ、「くそー！　こんちきちょう！」って信念があったら。若乃花の信念が崩れて出ないんじゃなく、傍《はた》で医者やほかの者が、「出ちゃいけない」と言うんでもって、出さなかった。

私は別な意味から、若乃花に休んでほしくなかった。それは、相撲道のために若乃花が出るということは、ただ相撲道という小さな範囲だけの問題だけど、心身統一法のほうから言ったらば、一つの証明になるから、出したかった。けれども、出てひょいと鏡里に勝てればいいが、鏡里に負けると、今度は小さな問題だけども、私が困る。それは、鏡里が勝つたんびに私のお小遣いがどれだけ減るかわからないんであります。

あなた方は相撲取りをひいきにしたことがないかもしれないけれど、相撲取り一人をひいきにするのと、芸者を身請けして十人囲っておくのと、どっちが金かかるかと言えば、相撲取り一人のほうがかかるのよ。ちょいと優勝したといっても、私の手元からころころっと金が何十万と飛び出していっちまうんだ。よくできたなあ、偉かったな、それ小遣いやるぞと。だから、若乃花には休んでほしいし、休まずにいてほしいし、心は二つ、身は一つ（笑）。

まあ、どっちにしても、私がもしも若乃花なら出ますよ。私は、熱があろうが何があろうが、立っている限りはご奉公する。この春なんか修練会前に、一月に来たときも、三月に来たときも、五月に来たときも、私ずうっと八度内外の熱があったんだ。誰も私に熱があるとは知らなかったろう？　知っていたのは、野崎さんと他数人の幹部ぐらいのもんよ。だから、一番最後の月は、やむを得ず私治療しなかった、「お力（一四六頁参照）」をあげなかった。私があげないと言ったんじゃない、みんながやっちゃいけないって言ったんだ。「先生が転げ衰えちゃ困る」と。

「おれは立っている限りはやるんだ、さわるない、ばかやろう。おれの真理は、こんなことでおれをへこたらせない」

「だって先生、もうみるみる瘦《や》せてきました」

「あたりめえよ、病があって太りゃ、むくんだんだ、ばかやろう、瘦せるのは当たり前だい。修練会のとき見てみろ、どんどん太ってみせるから」

そうしたら、大阪の修練会のときから比べて、今一貫五百匁《もんめ》（約五・六キログラム）も増えているだろう？

私のお役目を、天がもう要らないとおぼしめせば、無論、私の命はなくなるだろう。つつましやかに真理に沿ってこうやって生きている人間に、故なくして命を取っていくような大きな出来事が起きるもんかい。ご奉公できない体になりゃ、そのときには、いくら立って演説したくたってできやしない。「立てなくなっちまえば立たないだけの話なんだから、うっちゃらかしておけ」って、いつも言っているんです。

実際、心の力がどれだけ大きなものをわれわれの生命に働きかけるかということは、やがて私が心の力をつくる方法を教えて実行に移していくとわかる。どんなに丈夫でも、神経過敏で心の力ができてない人間が、もし医者なんかに行って、医者から「あんた、気がつかずにいたんだろうなあ。これ絶対安静にしないといけない体なんだぜ。気の毒だが、三期になっているよ」なんて言われると、もうガタガタっとなって、立ち上がれなくなっちゃうんですよ。そういう経験を持った人もあるだろう？

心の練れている人は、そんなこと言われたって、「何をぬかしやがんだい、自分がこしらえた品物みたいに思ってやがる。医者がそう診たからって、おれはへいちゃらや。生きてる間は生きるわ」と平然たるものだ。みんな私みたいな気持ちになると、病気にならなくてもいいのに病気になるような間抜けなことはしません。

私なんか、現在医者に診せたらば、これはもう、こんな講演をするどころじゃない、「じっと座ってなさい」っていう体なんですよ。こっちの肺が五分の二、穴があいちゃってんだ。そうかといって今から肋骨切ることも――切らせやしませんが――医者はできないでしょう。二十歳代の人間ならともかく、歳がませてる（笑）。捨て身にかかってご奉公している私には、何の障害もそこに出てこないんであります。

だから、あなた方から見るとずいぶん無鉄砲のように思えるかもしれんけれど、無鉄砲じゃないんですよ。実際、レントゲンなんか見ても、こんな体して何てまあ丈夫なんだろうって、自分でも思いますよ。それには、この心の立て直しをしなきゃいけない。

感応性能を強化する三つの条件

そこで、もう時間がきましたから、急ピッチで、心の立て直しに対する方法を言っておきます。今まで多くの人が、心の重大性がわかっていても、心の問題を解決することができなかったのは、体をまず丈夫にしてからでなきゃいけないという間違った考え方をしていたからです。いわく「健全なる肉体にあらずんば健全なる精神宿るあたわず」、これが真理のように思っていた。

ところが、これは真理じゃありません。少なくとも絶対的な真理じゃないということは言い得る。なぜならば、体の丈夫なやつというのは、少ないけれども、世にいないわけじゃない。相撲取りや、武術家、あるいはスポーツ選手はみんな比較的体が丈夫だ。ところが、彼らの気の弱いこと。

相撲取りなんか、まあ天風門下に入っている人間は別として、大抵この締め込みに成田山や摩利支天《まりしてん》のお守りを入れて相撲を取るんですよ。相撲取りが取っているようにおぼしめさろうが、じつはお守りが取っている。気が弱いからだろう。出るとき一所懸命神棚上げて、火打ち石をカチンカチンやって、塩花振って出るやつがある。向こうのほうから坊主が来るてえと、目をつぶって、そいつが通るまで立っているやつがあるんだ。坊さんに会うと、その日の土俵が悪いって言うんです。

こういうのを見ると、結局、「健全なる肉体にあらずんば」という言葉が第二義的だってことがすぐわかるはずだね。

私なんかもばかな話さ、体を丈夫にしなけりゃ心が丈夫にならないように思って、体を丈夫にしようと一所懸命、医学的な知恵絞っていたんだが、一向丈夫になりゃしねえ。なぜなれば、真理はそこにあるんじゃないもの。体を丈夫にしようと思ったら、心を丈夫にしなきゃ、できはしないんですよ。「健全なる肉体にあらずんば健全なる精神宿るあたわず」でなくして、「健全なる精神が健全なる生命をつくる」。しかも、その健全な精神は、肉体をどうこうしたってできやしません。

じゃあ、どうすりゃできるか。心は、心に特殊の方法を行なわなきゃできないの。その心に行なう特殊の方法とは何か。学問的にいうと、人間の心の中にサゲスティビリテート(Suggestibilität)というものがあるんです。これ、誰にでもあるのよ。日本語に訳すと「感応性能」。これが人間の心をさまざまに働かす原動力だ。これを使用しないと、たとえどんなに名僧のお経を聞かされても、お説教を聞いても、バイブルを朝から晩まで読み通しに読んでも、宣教師や牧師にどんなに神様が偉いか聞かされたって、少しも自己自身は甦りゃしませんよ。ただ一時的にいいなあと思うだけだ。いいなと思っただけでもって人生がよくなるんじゃないの。現実に感応性能を強くしなきゃだめなんです。

そのことに気づくまで自力で研究していると、二十年も三十年もかかるのよ。私は、世界の学者や識者が、いまだにこの点に気づかずにいるのは、おかしいと思う。心理学者だって、精神学者だって、うんといるんだぜ。誰でも感応性能のどんなもんかっていうことは知っていながら、この感応性能を強くすることが心を強くする秘訣だということに考えが及ばないんですから、案外学者や識者の研究というものは浅いものだなといつも思っているんですが。

この感応性能を強くするには、三つの条件が解決されなきゃいけないんです。第一が観念要《かんねんよう》素《そ》の更改《こうかい》、第二が積極観念の養成、第三が神経反射の調節。

この三つのことが完全に行なわれない限り、どんなことをしても感応性能は強くならないんです。したがって、結果において心も強くならない。そのかわり、この三つの条件が解決されると、「あれ、これが自分の本当の心かいな」と思わざるを得ないほど、打って変わって心に強さができる。

間もなく実感的にこういうことを感じる。「なるほど変わってきたわ、今まではこんなことがあったら寝られもしなかったけど、今度は平気で寝られる」とか、「今まではこんなことがあったらもう居ても立ってもいられないほど心が騒いだのが、今度は案外落ちついているな」

とかいうふうに。

結局どんな難しい事柄でも、正しい真理に従った方法を行なえば、必ずそれが成就《じょうじゅ》するというのは、これは言わずと知れたこっちゃありませんか。それを私は、誰も教えてくれないために、長年研究し、なかには三十年もかかってようやく発見したものさえあるのを、こうやって一つの組織のもとにまとめて、あした、あさっての二晩にわたってお耳に入れます。

縁あってここに来られた方々は、どんなことがあろうとも、この二日間は休まずにおいでになって、この好機を逸しないで、生命の尊い立て直しに、本当に心の底から随喜の涙をこぼして共鳴なされることをお勧めして、今夜の講演を終わります。

第三章

観念要素《かんねんようそ》の更改《こうかい》

——感応性能の強化① 心の倉庫の掃除法

方法なき教えに救いはない

きのうまで、私はあなた方に、人間が人生に生きるとき何をおいても心が重大だということをお話ししてきました。これは、私のように科学的な説き方をした人はあまり多くないかもしれませんけど、哲学的ないし宗教的には、何も今さらのことではなく、遠い何千年の昔から、西洋でも東洋でも数多く説かれていることです。心を正しく持て、強く持て、清く持て、尊く持てと。もういつの時代でも、どんな宗旨の宗教でも、いかなる修養法でも、必ず人生というものを考える場合、心を重点とし、わかりやすく言えば、お題目の中心にしています。

ですから、ある特殊な宗教は心を重大だと考えていないとか、あるいは、ある時代の教えは心よりも肉体のほうが大事だと説いていたとか、そんな形跡は過去のわれわれ人類の世界には一度もなかったのです。ですから、バイブルを読んでみても、お経をひも解いてみても、アラーの聖典を読んでみても、ただ言い方の相違、言い回しの作り方の相違だけでもって、結論は結局、心を常に清く強く正しく麗しく持てというところに、いつもその重点が置かれている。

それは、私が昨晩講演したようなことを科学的には知らなかったかもしれないが、心がどんなにわれわれの人生を支配する重大な役割を果たしているかということを、先人たちが事実において知っていたがために相違ないのです。

だとすれば、問題はここです。もう何千年も前から、人生を考える者は心の重大性に感づいていながら、なぜ私が昨晩あなた方に申し上げたような、心を本当に正しく強く尊く麗しくするのに必要な方法というものを考え出していなかったかという点であります。そうした消息に、あまり人生というものを深く考えない人、案外ぼんやり人生に生きている人は気がつかずにいるのです。

今回の一連の講演を聞いて、もしも天風説くところのものよりも、はるかに現実的な実際方法を説いている人を知っていたら、遠慮なく私に申し出てください。それがいつの時代でも構わない。また、どこの人でも構わない。確かな証拠をもってお申し出くだされば、無条件で、私は天風会の全財産を即時に差し上げます。これは、今回初めて言う言葉じゃありません。私、この仕事を始めて四十年、各地で講演するたびごとに、必ずこれは言わなきゃならないこととして言っております。そして、いつか必ず世界のどこかにそういう人が現れるであろう期待は持っているが、今まで一人もそういう人は出てきていません。

私がこの仕事をやりだした当初、これだけ人生を考えている学者や識者が多いのだし、宗教も現代の科学理智を持っている青年層にも働きかける努力をして、宗教それ自体をサイエンティフィックに研究する学者も出てくるであろうから、その必然の結果として、天風が逆に教えを請うようないい方法が現れるに違いない、また、そうあってほしい、いや、そうあらねばならないと、こういうふうに考えて、私はその日が来ることの一日も早からんことを希《こいねが》っていました。初めのうちは、二十年や三十年ののちにはと思ったのだが、その二十年も三十年もとうの昔に過去となり、四十年になんなんとして、いまだ一つもそういうよい方法の出現したことを聞かないのであります。

このあいだ、東京で五十歳ぐらいの紳士と面会しました。新しい感激を感ぜしめていただいたお礼にまかり出でました、というような口実で私に面会を申し込んだのですが、会うとこのおっさん、妙なことを言い出した。

「先生、私最近、外国のある友達から本を送ってもらいました。その本を読んでいると、先生の教えとそっくりです」

と言うから、「ははあ、天風会の財産をやる人が現れたかな」と思って喜んだ。

「そうかい、それはけっこうだが、その本というのは？」

「はあ、きょう持ってまいりました」

一通り詳しく読んでいたら時間がかかりますが、ざっと見ただけでも大体の内容はわかります。

「なるほどね、言っている文句はおれと同じようなことだけど、違うところが一つあるな」

「どこでしょう？」

「非常に違うところがある、たった一つだけ」

「私はそれを発見してないのですけど」

「そうかい。そうすると、まだ君は本当に天風道を理解している人じゃないな」

「参考のために伺いますが、どこが違います？」

「これには方法を何も書いてないじゃないか。心を尊く、麗しく持つべきことを、ただ言葉をきれいに飾って書いてあるだけじゃないか」

朝起きたら、まず何をおいても、きょうは断然自分の人生の幸福を破壊すまいぞとか、きのうまでの自分が犯したすべての失策を再び繰り返すことは神への冒瀆だと思えとか、そんなことまで書いてあるのですよ。言葉だけを見ると、ばかにいい文句ばっかりだ。

文句だけでもって人間が救われるなら、私なんぞが何を好んで、長きにわたり、こういう血みどろの研究をする必要がありましょうか。いい文句だけを読んですぐ人間が助かるのなら、バイブル一冊読んだって助かるはず。お経を読んだって助かるはず。『論語』一冊読んだって助かるはず。そうでしょう？　薄っぺらな気持ちで読んでいれば助かったように感じるかもしれないけれども、現実の人生に本当に要求を持っている者が、ああいうものを読んだとき、非常な感激を感じるより、むしろ非常な煩悶《はんもん》を感じるに相違ないのであります。

学者や識者の著した名文句を見て、煩悶を感じないで感心しているやつは、人生に対する考え方がまだ浅い人間ですぜ。こういう本を見ては「非常によかった」、ああいう本を見ては「感激した」などと言っているやつは。本当に人生を考えている人間はすぐ、そのよい文句のとおりの人間にどうしたらなれるのだろうか、というところにクエスチョンマークをつけるはずです。そして、「この教えじゃよくならない」と知ったとき、そこに生じてくるのは余人の窺《うかが》い知れない、階級の高い煩悶であります。

人をエクスタシーに陥《おとしい》れるような美辞麗句の並べてある哲学的な教えというものは、それはもうほうきで掃くほどあります、この地球上には。それをただ読んだだけで感心して、感心したことによって救われると思っているやつは、絵に描いた食い物を見てからに腹いっぱいになったと思っているような慌て者ですよ。そういうのが天風会員の中にもいる。

私は遠慮なく言う。現実の人生への要求が満たされない者が、軽はずみに感激したり感心したりするのは、自分の浅はかさをさらけ出す行為であると。

名文句に酔うな

本当に深く人生を考えている者は、自分がそれで救われない限りは、本当の感激は感じないはずです。本当に腹の減っているやつは、絵に描いてるご馳走を見ただけじゃ腹は大きくならないのです。

今になってみれば幸いであったと思うのですが、私は現実の「救われ」でなきゃ心が承認できない土壇場まで追い詰められた人生の中で、甦りたい一心で研究したために、どんな美辞麗句に接したって薄っぺらな感激はしなかった。本当に救われなければ、私は感激しなかった。もし私が薄っぺらな感激でもって人生に生きていたら、今日あなた方にも喜んでもらえるような現実の方法を探り出すことはあたわずして、もうとうにあの世に行っていたでしょう。

まだ本当に腹いっぱい苦しまなかった当時は、美辞麗句を見るてえと、多少感激は感じましたよ。「朝《あした》に道を聞かば、夕《ゆうべ》に死すとも可なり」、いい言葉だよ。けれど、その言葉を聞いて、すぐそのとおりになれる？　なれる人があったら、その人はもう幾万人の迷える人々を率いていくだけの貫禄のある人だ。

そんな文句は、われわれにはもう絵に描いた食い物よりも値打ちがないのです。どうすれば、「朝に道を聞かば、夕に死すとも可なり」という気持ちになれるか。その気持ちになれないで、すぐそういうことに共鳴するのは、軽はずみで憐《あわ》れなそそっかしい人間だけです。慎重に人生を求めている人間だったら感激しないでしょう？　むしろ煩悶が出てきやしないか？「どうしたらこんな気持ちになれるかしら」と。

心がいかに重大であるかということを、私は早くから科学的に考えていた。医学に飽き足らない私は、精神科学と生物学と実験心理学を研究していたので、心の強さ弱さの影響が人生にさまざまな形で現れることを、まだインドに入る前、すでにフランスにおいて知っていたのです。

それまで私は、ただ単純に自分の心が弱いことを非常に口惜しく思って、何とかして昔のような強い気持ち、軍事探偵のとき死に直面しても動じなかったほどのあの心、頼もしい気持ちになりたいと願っていました。最初は人生を考える考え方がきわめて薄っぺらですから、このくらいのことは日本人は知らなくたって、外国に行ったら知っている人がいくらもあるだろうと思い、私は外国に出ていった。

丈夫な人間が金を豊富に持って出ていくのなら、わかりもします。体の弱い人間、しかも結核という伝染病を患っている私であります。今でもそうですが、その当時の政府も、この伝染病を持っている者に外国に渡航する免状をよこしはしません。やむにやまれず、私は国法を犯し、いわば手段を変えた密航をして、アメリカに行ったんだ。さらに、アメリカで飽き足らないからヨーロッパに行った。そして、有名な学者、識者に、片っ端から会うチャンスをつくっちゃ、教えを受けた。

しかし、会う学者、会う学者、皆、抽象的で漠然とした答えしか与えてくれず、どうすれば心を強くすることができるかということは、一人も言いやしない。まあ、きょう教える中にたった一つ、その当時教わった方法のいいものも加えてあります。それは、フランスの実験心理学者のリンドラーという人の教えた鏡を応用する方法ですが、このくらいのものでしたかな、二年間欧米を歩いて得たものは。皆、それは酔うようなきれいなことを言うのですがね。しかし、強い気持ちになることを教えてくれなければ何にもならない。

「病に悩む心があるならば、その心をいいほうに振り向けて、死なず生きている身の幸いを神に感謝なさい」なんてことを言ってくれたのは、世界一の大哲学者、ドイツのドリーシュでした。もしも私が慌て者なら、世界一の大哲学者の言っている言葉だから、「ああいいな」と感激すると同時に、何か自分が急に偉くなったように感じたかもしれませんけど、現実を求めている私は、そういう言葉を聞けば聞くほど、何とも形容できない苦しさを感じたのであります。

「病に悶える暇があるのなら、死なず生きている現在を神に感謝しろ」、これは尊いことです、いいことですわね、そうできるのであれば。できましょうか、何も方法を知らないで。できる人があったら手を挙げてくれ。とんでもねえ偉えやつだ、そいつは。

バイブル一つ見たって、本当に感激する言葉はいくらも出てきますよ。おそらくバイブルをキリストはつくらなかったろうと思うし、お経だってお釈迦様がつくったんじゃなかろうと思う。のちの者が寄ってたかってからにつくったに違いないけども、そんなことはどっちでもいいこった。

生きる世界に絶対、敵をつくっちゃいけない、皆愛を持て、とバイブルは教える。はっきり書いてあるね、「汝の隣人を愛せよ」と。これはいい言葉ですよ。隣人というのは隣の家にいるんじゃないのだよ、この世に縁があって自分の知り人となった者を隣人という。

あなた方ね、これができますか。キリストができたかできないか知らないけど、少し眉唾物《まゆつばもの》だぜ、これ。「何もかもを憎まないですべてを愛そうじゃないか」、たしかにそれはいいことだよ、できればね。しかし、真剣にバイブルのあの文字を見ていると、自分の心に何とも言えない苦しいものを感じないではいられない人が、この中のほとんど全部じゃないか、もしもキリストを崇拝している人間だったら。

朝晩にアーメンと言っていながら、心の中には隣人どころか、同じ屋根の下で同じ鍋のものを食っている家族をさえ憎むときがある。それどころじゃない、ときによると、天にも地にも替えがたい自分を憎むことさえあるというようなことに気づくとき、やるせない悶えが来やしないか。

あなた方はどうか知らんけど、私のように本当に嘘偽りのない事実をつかみたいという気持ちで研究している者には、学者や識者の言うことを聞いても見ても、ただ強い悶えが来るだけだったのであります。

　インドに来たてのころ、熱があることを先生（ヨガの聖者カリアッパ師）に訴えたら、「それ今、誰が言ってんだい？」と、こう言うのです。

「私があなたに申し上げているんです」

「神様が言っているんじゃないな？」

「はい、私があなたに申し上げている。私が熱があるから、熱があるとあなたに申し上げているんです」

「おまえが言わなきゃ、おれもわからずに済むな」

「それはまあ、そうでございます」

「すると、おまえが言わなければ、私がわからずに済むと同時に、おまえも言ったために、自分がそういうことを感じている気持ちを、幾重にも上塗りすることになるな。言わないでいる間は、忘れられないまでも、少なくとも言ったときほどはっきりとは気持ちの中に浮かんでこないな。それなら言わないほうがいいだろう」

　これはもう、ごもっとも千万な話なんだ。しかし、「ああ、なるほど、誤った」と思って、「もう言うまい」という気持ちになったとして、本当に言わずにいられますか。いかがです？　こういう微妙な点に道を求める者の悩みと悶えはある。

ところが、それを考えないで、ただ学者の著した本や宗教家のものした美文、美辞を見て、「うわあ、いいな」と思う人は、絵に描いたぼた餅を見て、「ああうまかった」と言っている慌て者だ。私はそういうやり方では人生は断然甦らないということを、長い間、自分自身が体験してきています。もしもそれで人々の多くが甦るなら、何も私が骨折って発見した方法を一所懸命あなた方に説く必要などないのであります。

いい文句なら私もいくらでも知っているから、文字を見ただけでもって、そんなに酔ってくれるのなら楽なもんだ。もう文字を書いてるだけでいいんだからね。だけど、それじゃさっきも言ったとおり、絵に描いた食い物を見せて、「ほらこれを見ろ、腹が大きくなるぞ」と、だましているのと同じことじゃないか。

嫌な言い草でもって気障《きざ》に聞こえるかもしれないけど、ご年配はどうでもいい、若い者よ、決して名文句なんかに酔わされて、それでもってエクスタシーを感じて救われたなんて思うような、ばかげたことをするんじゃないよ。腹が減ったら、理屈よりもパンの一切れなり握り飯の一つなり食うがいい。学者の著した本や名文句でもって人間が甦ることができるなら、人生はお茶の子さいさいですよ。人生、何の苦労もありゃしねえ。

それでも読まないよりは読んだほうがましだと思ってる人があったら、これは大間違い、実行できないことは、むしろ頭の中に考えないほうが、どれだけましかわからない。心を弱めちゃいけないという教えを聞きながら、片っ端から心を弱めるような方法で心を救おうとするのは、なんのことはない、死ぬのは嫌だ、嫌だと言いながら墓の穴を掘っているのと同じことになりゃしませんか？

唯一無二の発見

親が子供に小言を言うとき、先生が生徒に小言を言うとき、「注意なさいよ」「もっと気をつけなさい」と言いますね。けど、そのときに子供でも生徒でも、

「はい、承知いたしました。ところで一つ伺いたいのですが」

「なんだ」

「どう気をつければいいのでしょう」

とは聞かないね。けど、本当は、「どうすれば気をつけることになるでしょう」という問いに答えて相手をうなずかせなかったらば、「気をつけろ」という言葉に本当の値打ちはないはずだね。そうでしょう？

いつも私はこういうことについて、念を入れて、あなた方にあなた方の心のうなずきを求めている。聞いているときには皆さん、よくうなずいてくださる。しかし私の前を離れ、何か酔

わされるような文句でも書いてある本を見ると、それに空酔いするのですね。本に書いているような人間になれもしないのに、なれたように感じるのか、なろうと思うのか、まあその心理はわからないけれども、一種のエクスタシーを感じるのでしょうな。

私がもしも自分の知ってる感激した本や文章を毎朝毎晩読むとしたら、何日あっても読み切れません。私は、朝起きて自分の実行できることしか言わない。天風会の「誓詞《ちかいのことば》」（一四八頁参照）だけが私の金科玉条《きんかぎょくじょう》。それ以外のことは、決して読みません。実行のできないようなことは、読まないほうがいい。「火星に住んだら、さぞいい気持ちだろう」なんていう言葉を読んで、火星に行ったような気持ちになれる？

最初の晩から幾度も繰り返して言っているとおり、人生というものは現実の世界なの。現実の世界は、形容の世界でもなければ、空想の世界でもないのよ。どこまで行っても真実とぶつかり、取り組んでいかなければならないのが人生なの。だからかりそめにも天風道に入ったらば、どこまでも現実に自分を救う方法の中に安住していくようにしたらどうです。そのために、私は方法を教えてあげているの、惜しげなく。恩に着せるようだけども。

本当言うと、私、教え方が早いと言われることがあるんです。東京本部の杉山（彦一。天風会第四代会長）さんも言います。

「実際方法の中には、少なくとも入会後、三年か五年経ってから教えたほうがいい方法がいくらもあるのですが、先生は、その月に入会した人に一気呵成《いっきかせい》に全部を教えるような態度をとれるために、結局、先生のいつもの口癖のとおり、鶏がダイヤモンドを見たように、真の価値を認識できない人が多いのですよ」

それは事実かもしれません。しかし、私はそれぐらい惜しげなく教えてるんです。

さっき五十年配の紳士が「天風先生と同じことを言っている」と、外国人――ギリシャの哲学者でしたが――の著した本を持ってきたって話をしましたが、私と同じことを言っている人はほかにもいるでしょう、そのギリシャ人ばかりでなく。

なぜかと言えば、私は宇宙真理を言っているのだもの。宇宙真理というのは、私の専売じゃありません。この宇宙の中に実存している真理の一部分を、釈迦もピックアップし、キリストもピックアップし、モハメットもピックアップしている。だから、皆、同じことをただ言い方を違えて言っているだけなの。この世が終わるときまで、正しいものはどこまで行っても正しい。この世が終わる日まで、真理が二つ生まれる気遣いはない。

だから、私があなた方に言っている理論方面の話は、私の専売じゃありませんよ。古来、ほうぼうの人が言っているんだもの。そんなものを聞くたびに感激してるなら、それはあまりにも薄っぺらな感激だぜ。私が言っているのは、そんなみんなが感激している理論に対応しうるような方法を発見したのは、今まで私一人だということです。これは自惚《うぬぼ》れではなく、確信を持って言っている。確信があるから、私と同じかそれ以上の方法を発見した人が、今まで世界のどこかにあったということを、あなた方が証拠立てられるなら申し出てくれ、即時に天風会の財産を全部あげると、こう言っているんです。

そんな人はいないから、安心して申し上げているんです。なんで私が論文も出さないのにドリーシュからドイツの哲学者としての学位をもらったか。ロックフェラーがこの九月五日付の飛行郵便で私に、「われわれ合衆国の道を求める者たちは、年内にあなたをお迎えする用意が万全にできています」と、また言ってきたのはなぜか。それは、この方法を発見したのが私だけだからです。そうでなければ、こういう手紙よこすはずないじゃないですか。

もう私の教えた弟子どもが、アメリカにも十人ぐらい行っているのだから、それらの人間から私が言っているのと同じことを聞こうと思ったら聞けるのです。けれども、あの人たちはこの方法をインベントした、創り出した本人の言葉でなければ、同じことを聞いても感激が少ないというので、「あなた来てくれ」と言い続けているんです。はなはだ迷惑千万ですから、一日も早く天風以上にかの人たちから感激をもって迎えられる人が出てほしいと願っているのです。そうなると、もう私に催促状は来なかろうから。

なぜ観念要素の更改が必要か

さあ、これだけ申し上げたら、どうすれば心の立て直しができるかという方法を聞く際のあなた方の心の構え方が違ってくるだろうと思う。そう思うのは、多少私の自惚れがあるからです。これだけの方法を聞けば、現実に必ず自分の心を立て直しうるのだから、断然、違った心構えで聞いてくれるであろうと。

そこで昨晩も申し上げたとおり、心の立て直し。何をおいても感応性能を強くしなきゃだめであります。ただ単にいい文句を見た、何とも言えない酔うような文章を見たといったって、感応性能は強くなりません。あなた方、今までだってずいぶんいろいろないい話を聞いただろうし、人生を求める心が燃えていれば燃えているほど、いい教えを聞く機会を多く持っていたに違いない。だけど、感応性能はそんな生ちょろいことでもって決して強くはならないのです。

感応性能を本当に強くするには、昨晩、箇条書きで述べたとおり、まず観念要素《かんねんようそ》の更改《こうかい》をしなきゃいけない。さらに積極観念を養成するとともに、始終感覚や感情の刺激によっていたぶられる心をいたぶられないように、神経反射の調節をしなければならないのであります。

今まではどうしてもわからないから手がつけられなかったのだが、わかってみればそれだけのことが心を立て直す方法の全部で、それ以外にないということを私は断言したい。観念要素の更改も積極観念の養成も神経反射の調節も考えず、ただ、いい文章やいい文句に酔ってさえいれば心の立て直しができるなんて思ったらとんでもないことです。

石川素童《いしかわそどう》という有名な禅家の坊さんが私のお弟子になって、遷化《せんげ》——死ぬことですよ——される一月《ひと》ばかり前でした、直腸ガンだと医者から言われた日に、ぜひ私に来てくれと言うので、私、總持寺《そうじじ》のある鶴見に行った。そしたらね、手を取って、涙を垂らしながら、こう言うんです。

「私がもしあなたの弟子にならないで、ただ僧としてだけここにいたら、『あなたはガンですよ』と言われたとき、卒倒するほど驚いたかもしれない。しかし、あなたに心の立て直しを教わって、真剣に観念要素の更改、積極観念の養成、神経反射の調節ということをやっていたおかげで、経の中に書いてある、死ぬ生きるは人間が天から与えられた約束だということ、要するに業《ごう》というものをはっきり悟ることができて、少しも私の心の中に動揺が生じていません」

それで私が、「私の弟子にならないで、ただ坊主で終わってたら、死の宣告を受けたときに卒倒すると思ったという気持ちは本当ですか?」と聞いたら「本当です」と言う。名僧だけに言うことが正直です。私は「それならあなたは偉い坊主だ」と言いました。

高僧といわれる人は、「ガンだからもうあんただめだ」と言われても、「ああそうか、死ぬときが来れば死ぬからな」って、平気でいられそうに見えるが、そうでないのが本当らしいな。

人生は、悟ったように見えるとか、悟ったような気持ちになるというような薄っぺらなことじゃ、解決がつかないのですよ。どんな場合があろうとも、牢乎《ろうこ》として抜くべからざる強さが心につくられなきゃだめです。

変化変転極まりなき人生の荒海の中を生き行く際、何かちょいとした健康上、運命上のこわばりのあるたびに揺り動かされるような心だったら、いくら目に万巻の書を読み、耳にどんな美しい言葉を聞いたからとて、煙が風に吹かれていくようなものです。だから、何をおいても必要なものとして、あの三つの条件を挙げたわけだ。

なぜ観念要素を更改しなきゃいけないかというと、これはきわめて簡単に説明できるから、一言でわからせてあげる。きのうも言ったとおり、人間の心を強くするには感応性能を強くしなきゃいけない。ところが、その感応性能というのは、人間の心で営まれる思考の状態としょっちゅう相対比例をしているのであります。これを忘れちゃいけない。何遍も言っているのだが、古い会員の中でこれを忘れちまうやつがある。だから、煎じ詰めて言えば、心が弱いか強いかは、その人の思い方、考え方が弱いか強いかなのです。

何事に対しても、その思い方や考え方が積極的であり得る場合は、何も修行しなくても心が強いのです。自然と感応性能がそのとおりに働くから。けれども、そんな人は百万人に一人いるかいないかだ。何も修行しないで生まれながらにして、どんな場合でも物事を積極的に思ったり考えたりするような人はね。

だから、昔のような、あまりわれわれの精神生命に刺激の多くなかった時代ならともかく、また、同じ刺激があっても、昔のように積極的刺激のほうが多分にあった時代ならともかく、われわれの住むアトモスフィアの中に、ほとんど消極的な刺激ばかりが充満している現代に生きていくとき、特別な方法と手段を行なうことによって、思い方や考え方という心の営みを積極的にする努力をしない限りは、断然この思考というものは、積極的になり得ないのであります。

なぜなり得ないかというと、消極的刺激ばかりを受けていると、心の思い方や考え方を組み立てる要素をなす観念要素が、どんどん消極的になってしまうからです。今の世の中の人々が、男も女も言い合わせたように非常に神経過敏で気の弱いのはこのためなの。もちろん、いつ自分の観念要素が消極的になっちゃったかということは、自分ではわかりません。知らないうちに入って来ちゃうんだもん。物好きに観念要素を消極的にするものを喜んで受け入れるやつがあったらばかだ。知らないうちに入っちゃうから、恐ろしいの。

もう少しわかりやすく申し上げると、人間がものを思ったり考えたりするという働きは、実在意識領といわれる心の表面の部分で行なわれています。実在意識領で何かものを思ったり考えたりするだけならば、心はもっと御しやすいかもしれないが、そういかないのが今までの話しぶりでわかったでしょう。

この観念要素というものは、心の奥にある。この心の奥を心理学は潜在意識領といっていますが、俗に心の倉庫といわれています。人間が何かを思う、考えようとすると、この心の倉庫の中から観念要素がヒラリヒラリと飛び出して来て、この思考を一つの組織に組み立てるのです。その組織を組み立てるときに、観念要素が材料になっているのだから、消極的な観念要素を多分に持っている人は、どうしたって組み立てられた思考の組織が弱々しいものになってしまうのです。

ときにこういう変なことを言う人がおるね。たとえば会員のご夫婦の片方が気が弱ったときに、もう一方が「あんた天風先生のお話をちゃんと聞いていらっしゃるの」と、こういうようなことを言う。すると気が弱ったほうは、「先生のように偉くなりゃともかくも、まだ偉くねえんだ、あれだけのまねできるか」と言う。

しかし、私が教えているのは、できている人間が行なえるような方法じゃなく、できない人間が行なってできる人間になる方法なんだ。その方法をおそらくやっていないから、「まだ偉くないからできない」なんてことを言ってるのじゃないか。私みたいにやってみろ。教えた方法をやりさえすれば、私のようになるのはわけねえんだもの。

あなた方の一番いけないところは、自分でこしらえた一つの見えない偶像をあまりにも崇拝しすぎることですよ。人が偉いというと、自分が近寄れないほどとびきり偉いように思ってしまう。やれキリストが偉い、釈迦が偉い、マホメットが偉い、孔子が偉い、イプセンが偉い、ソクラテスが偉いって、見たこともないくせしやがって、何かとんでもなく偉いもののように考えて、自分なんか寄りつけないように思っている。だから、いつまでたってもあなた方は下積みでもって、憐れな惨憺《さんたん》たる人生に生きるのだ。

現在、目の前に立って教えを授けている人間に対しても、自分の心の中でもって、壁をつくっちまうからいけないんだ。私とあなた方と大した差はありゃしないぜ。ただ、ここに立っているか、そっちに座っているかだけなの。裸にしてみろ、私だってへそは一つだ、二つあるわけじゃねえんだ。ただ、あなた方の知らないことをいくらか私が知っているというだけのことでもって、偉さにおいちゃ、あなた方のほうが、はるかに偉い人間がいくらもいるぜ。様子でも、私よりはるかにいい様子している人があるじゃない。話をさせりゃ、われわれなんか黙りこくっちまうしかないほど、くだらないこと知っている人もいるもの。

だから、及びもつかない、そばにも近寄れないほど偉いなんて思いなさんなよ。そんなに私が偉かったら、あなた方、私について来られないじゃないか。あまり変わりはないんだよ。少しあなた方が了見を入れ替えりゃ、私のまねぐらいのことはお茶の子さいさいだ。それをまねしないで、満足はしていないけれども、相変わらず今の自分でいいように思って、観念要素をちっとも掃除しないという人間がずいぶんいる。掃除しないから、いざというときに心がなかなか積極的にならない。それを傍《はた》から言われると、「先生のように偉くなりゃ」と、こう言うのですよね。

偉くなれるがな、心の中を掃除すりゃあ。偉くなれるように教えているんだもの。観念要素の更改、つまり心の倉庫の大掃除。心の中の掃除をしてごらん。「天風さんぐらい偉くなる」どころじゃない、「天風くそくらえ」になるぜ。しまいには、「天風来い、たまにはおれが教えてやるから」てなことになるだろうと思う。私に教えてくれるような偉い人がいりゃあ、喜んで教えを受けるよ。

だから理屈抜きにして、暇があるなら観念要素の更改のほうを一所懸命おやりよ、薄っぺらな安価な感激をするよりも。観念要素の更改をして、思考の積極化を無条件で実行できる人間にならなきゃ。そうすりゃ、生涯どんな変化に会おうと、もう死ぬというようなショックが健康に起ころうと、運命がどん底に陥《おち》ろうと、少しもそれによって虐げられた心にならない、また盛り返していけるという尊さが味わえる。いくら口で偉そうなことを言い、いろいろな名文句に感激していいるっていったって、いざというときにペシャンコになったんじゃ何にもなんないぜ。

寝際だけは純真無垢に

さあそこで、しからばいかにすれば観念要素の更改ができるか。古い人もきょう入ったつもりになって聞きなさい。古い人の中にだって、ずいぶん情けないのがいるんだから。古くなりゃ偉くなったように思っている自惚れの強い人がいるよ。古いからいいんじゃない。古くていいのは石灯籠だけだ。修養の年限がいたずらに古くても、修養これ努めない人間は、年限の浅い者にだって負けちまう。

では、観念要素はどうすれば更改できるか。これから易しく説いてあげる。古い人もよく耳を傾けて聞きなさい。古いからってもうわかったような顔をする。それがいけないんだよ。

観念要素の更改は、順序として理論的にいえば、われわれの心の持つ暗示感受習性《あんじかんじゅしゅうせい》が特別に旺盛に働くときに実在意識を積極的にすればいいのです。もう一遍言うよ。新しい人のほうがかえってよく覚えるかもしれない。古い人にもう一遍同じことを言うよ。観念要素の更改ということを徹底的にするのには、われわれの精神生命が持つ暗示感受習性というものが特別旺盛なときに、われわれの実在意識を積極的にすれば、それで見事目的が達せられる。

なぜかというと、そういう場合には、積極的になった実在意識のとおりの状態に潜在意識がすぐ感化を受けるからです。ここで思考したままがパーッと潜在意識に入る。そうすると、積極的なものが入った場合には、消極的なものを努力して追い出さなくても、どんどんどんどん出ていってしまう。

たとえば、コップの中で筆を洗ったとする。すると、むろんコップの中の水はみるみる黒くなりますね。その黒くなったコップを今度は水道の蛇口の下へ置いておいて、たとえわずかずつでもきれいな水をぽたぽた落としときゃ、寝がけに汚かったまっ黒な水も、明くる朝行ってみりゃ、きれいになっているでしょ。それと同じで、たとえどんな消極的な観念要素が充満している潜在意識でも、実在意識のほうから完全に同化し得る力のある積極観念が送られれば、その同化し得る力のある積極観念というものは、消極観念を片っ端から追い出してしまうのです。それが人間の心の中にある自然現象だ。

ただし、その場合、潜在意識を同化し能《あと》う、力ある積極的観念でなきゃだめなのよ。だから、ただ単に学者や識者の著した本に感激してるぐらいじゃあ、潜在意識が同化しません。

さて、われわれの精神生命の持つ暗示感受習性の特別に旺盛なときというのはいつだろう。これを英語ではラッポーターブルのときといいます。このラッポーターブルとは、ただ一つ、人間の眠りにつく前の精神生命に発生する現象であります。いつでもは発生しないのです。

つまり、いざこれから熟睡しようというときのいわゆるトランスに入る直前ほど、われわれの実在意識は、そのときにちょいと思ったことでも考えたことでも、無条件にフーッと潜在意識の中にきわめて力ある同化力を働かせて入り込んでいくというふうにできている。じつにありがたい自然作用が人間の生命にあるものですな。

それをなぜ心理学者がこれだけいいながら、もっと平易に、応用の効く形で世の中に説明してやらないのかと思うと、私は何とも言えない不思議さを感じる。

そのくせ昔の人は心理学的教養や理智は持っていなかったが、寝際に与えた教え、教訓、あるいは言葉というようなものが、その人間をよく感化し得るということを事実で知っていたとみえて、小さい子供の寝際におばあちゃんやおじいちゃんがおとぎ話を聞かせましたね。日本でも「桃太郎」「かちかち山」「八幡太郎」のような話を。

この節はだめだ、世の中がだらけちゃっているから。寝かしつけるじいさんやばあさんのほうが反対に寝ちまうんだからね。子供に野球の講釈やレスリングのルールを聞いているうちに、ハッと気がついたら、じいさんが寝ちゃっているなんていうことがあるんだから。

そこいくってえと心理学の国フランスは、不良に傾いている子供や非常に神経過敏の子供なんかを治すのに、うまいことを考えてやらせているね。強い気持ちを持たし得るような言葉を蓄音機のレコードに吹きこんでおくの。その子供が行っている学校で子供が一番信頼している先生に吹き込ませるんだってね。そして、毎晩のようにそのレコードをかけて、聞かせながら寝かしつけちまう。すると、非常に感化の効果が上がるというのですが、これはたしかにそうでありましょう。

寝際の人間の気持ちは、いわゆる実在意識は批判を乗り越えて、そのときにちょいと思ったこと、考えたことは、それを否定する間もなく肯定する間もなく、たとえて言えば電流の通ずるように素早く、潜在意識に同化力を働かせちゃうんです。ただ、それは睡眠の直前でなきゃ、なしあたわざる計画です。つまり睡眠の直前時における、人間の精神生命に存在する自然現象なのです。

これは詳しい説明をすると限りがありませんけれども、簡単に言うと、これから熟睡するというとき、人間は無我の境に入ります。精神動揺が複雑であっては、無我に入れません。眠気が出るというのは、乱雑なる精神活動を収束して、一つのものに束ねて、次第に無我の境涯に入らしめて眠らせようという自然の作用なのです。だんだんだんだん複雑から単一へと人間の心は行くようにできている。そのときに実在意識が念頭に置いたことは直ちに潜在意識に入る。

それによって、人間が精神生命の発達を現実にし得るようになっている。これまさに万物の霊長たる人間に与えられたまことにありがたい意図なのであります。

それを知らないとはいいながら、長年の間、寝がけというと余計神経過敏にしやがって、昼間考えなかったような小くだらねえこと考えて、より一層潜在意識にどんどんビシビシ、そういうくだらねえ弱々しい観念を送り込んでいたから見ろ、神経過敏なことだけは、もうおれが世界一だと威張れるほど、あなた方、皆言い合わせたように、気が弱くなっちゃったんだ。

だから、その反対を行ってごらんよ、今夜から。別に難しいことでも何でもない、わずかな努力でいいんだ。習慣は第二の天性だ。難しく考えるてえと際限ない。易しく考えて易しくおやりなさい。一番いい方法を教えてあげるから。

寝際に、いろいろな心配や煩悶が起こるのは、普通の人間なら当然でしょう。況《いわん》や健康に障害があったり、運命に障りがあれば、何かと心に浮かんでくるのは当然でしょう、感覚があり、神経がある以上は。けれど、枕に頭をつけたら一切それを心の中に考えさせない努力を習慣づけることです。努力して習慣づけると言うほうがわかるかな。

「身に降りかかることを考えずにいられるか」というようなことを言うからいけないんだ。どんな大事件だろうと、その晩考えなきゃ解決のつかないというような事柄など、めったやたらとあるものじゃないよ、人間の人生に。まして況や、心の大掃除をしようとする者は。

もう今夜からこういうふうにしてごらん。消極的なことが心の中に浮かんできても、それに一切関わり合いをつけないようにするの。「思い浮かばせちゃいけないぞ」とは言わない。言ったって出てくるもん。出てきても、そいつは相手にしないことなの。冷遇しなさい、何もそれを優遇する必要はない。あなた方は、どんなことが心の中に出てきても、何かしら大変な宝物でももらったように大事にするからいけない。健康上のことであろうと、運命上のことであろうと、心に出てきたら関わり合いをつけないんだ。

最初の間は関わり合いをつけない練習なさいよ。関わり合いをつけない練習を効果づけるのには、どんなことでもいいから、思うほどに、考えるほどに自分の心が何となく勇ましく、微《ほほ》笑《え》ましくなるようなことだけを考えていりゃいい。

観念の世界は自由だ。楽しいこと、面白いこと、嬉しいこと、自然と微笑まずにはいられないようなことを考えればいいんだ。そのぐらいのことを考えられる心は持っているでしょう。明けても暮れても、閻魔さんが塩を舐《な》めたような、苦虫を噛み潰したような顔をしてなきゃいられないような気持ちじゃなかろう。おかしいことがあれば、不完全ながら笑うじゃないか、あなた方。嫌みなものの言い方だけどもね。

とにかく寝際の気持ちは、神・仏のように清らかになったらどうだね。自分が神様仏様になったつもりになればいいじゃないか。自分が神様仏様になったら、これぐらい尊いことはない。一日ぶっ通しじゃあ、とてもなれっこないでしょうが、寝際だけならなれるだろうから。自分を軽んじ、卑しめ、価値のない自分をつくるという、もったい至極もないことをやるから見ろ、わずかな病や、ちょっとした運命に組み敷かれてペチャンコにされてからに。そして、おのれの心の中をますます汚くしている。

長い時間じゃない、寝際の短ければ五分か十分だけのことだ。そういう心がけを実行に移せると、案外寝付きが早い。しまいには私みたいになるよ。枕に頭をつけて、何か考えようと思っているうちに寝ちまう、ヒョイと目が覚めたら朝だ、そうならなきゃ。寝際の気持ちをもう少し純真に立ち返らせなさいよ。いくら学問があって、理屈が言えたって、純真にならなきゃ何にもならないんだ。生まれたての赤ん坊のような気持ちになったらどうや。

寝際だけは心に一切の重荷を負わせないということの気持ちこそ、まことに観念要素の更改の秘訣であります。何が心の表面に飛び上がって来ようと、それに関わり合いをつけない。関わり合いをつけないという努力を習慣づけてしまうと、もう三月《み》、半年経つというと、どんな大きな事件が起こってきても、心がこれを相手にしなくなるのですよ。

寝際に相手しなきゃならない事柄なんて、全然ないんだ。寝際に相手にすることは寝ることだけなの。床の中に考えに入ったのなら別だよ、これ。しかし寝床というのは考えるところじゃないもんね。寝床は寝床なんだから、どこまで行っても。寝床に入ったら、ただ寝ることが目的なんです。

寝床の中の時間は神聖不可侵

それから、安らかに眠ることを心がけることが当然の心構えで、安らかに寝ようと思ったら、くだらないことに関わり合いをつけないことが一番いい。そのぐらいのことは子供だってわかりそうなもんじゃねえか。これが観念要素の更改法なんだよ。

それなのに相当理屈の言える歳になっても、寝ることの重大なことは少しも考えない。科学的に考えたって、寝ることがいかに重大かということは明らかだ。寝ずにいちゃあ死んじまうんだから。まして況や、これを哲学的に考えてごらん。寝るためにわれわれは目に見えない造物主、宗教家のいう神・仏から自分の生命がぐんぐん甦るお力をいただける。「求めよ、さらば与えられん」じゃないけれども、悪人だろうが、善人だろうが、一心に求める気持ちがありさえすれば、無限にこの力をくださる用意が自然界にできているんだからね。何も、遠慮深く謙遜して分量少なくもらう必要はないよ。これはもうできるだけの分量を自分の生命の中に頂戴しなきゃ。

そうするのには、心というものの態度が、もっと純な状態に決定されてなきゃいけない。いわゆる実在意識領が完全にそうした純な状態になったとき、積極的な態度になる。そうすると、積極的な態度が潜在意識に同化して、潜在意識の中の、自分を苦しめ、あるいは健康を破壊し、あるいは運命を阻《はば》んだ原因であるところの消極的観念要素はぐんぐん追い出されちまう。

邪《よこしま》なるものは、正しきものに敵することはできない。あってはいけないものは、なきゃならないものに負ける。この簡単な真理で観念要素はみるみる積極的になり得るのですよ。いわゆる観念要素の中が積極的になってから、いろいろ昔の偉い人やなんかが言ったことを見ると、すぐそれを実行に移せる心がもうできているのだから、きわめて簡単明瞭よ。けれど、観念要素が更改されないうちに、ただ心の表面だけが感激するようなことを読んだり見たりしたからって、それは何も手応えがない。厚いコンクリートの壁に水をぶっかけているのと同じこと。少しも染み込まないのであります。

あなた方だって今まで、天風の話だけを聞いたわけじゃないだろう、いい本も読んだろうし、偉い人の話も聞いたことがあるに違いない。けど、それがただ淡い記憶になっただけで、少しもあなた方の心の糧になっていないでしょう。あなた方の精神生命になってませんわ。それは結局、観念要素のほうが用意されてないから。

なんのことはない、ざるで水汲みに行ったのと同じことだ。水中に入れたときはいっぱい入ってる。やれ嬉しやとこっちに持ってくると、もう水はありゃしねえの。それと同じ愚かさを、知らないで繰り返していた過去の失敗は今夜から取り返そう。ことほど寝床の中の時間は、神聖にして侵すべからざるものなのよ。

このあいだも、私と初めて旅行して箱根に行った東京の天風会員が、「いや、これは知らなかった、知らなかった」っていきなり私の枕元に立って言うから、「何だい？」と聞いたら、「先生、今寝床に入るとき何かおっしゃいましたね」と言うんだ。

「あ、言った。お世話になりますと言って入った」と言うと、

「これは知らなかった、まったく。寝床に入るときにお世話になりますというこの気分が、もう寝床に入ると同時に神聖な気分に自分自身をせずにはおかない第一の関門だ。これは気がつかなかったな」って細君を見て言ったら、細君も、

「私ね、さっき呆然として感心しちゃった。三千世界を探しても、寝床へ入るときに、寝床に対してお世話になりますって入るのは天風先生だけだ」って言ってたよ。

それ以来、ずっとこの夫婦はやっているそうですが、神戸におりますか、そういう殊勝な気持ちを持っている人？　感謝どころか、小言を言っているやつがいるだろう。

「誰だ、きょう布団敷いたのは、いつもと敷き方が違うぞ、もう一寸五分下に下げろ」

「枕のあり方が違う。おれはこんなふうに中に入って寝ないんだよ、枕はすれすれに置け、そこに」

お世話になるところに行って、苦情を言ってやがる。そのくせ、人のところに行って泊まるときには、人には礼を言ってるね。「おやすみなさい、それじゃあお世話になります」と。人に礼を言って、寝床には言いやがらねえ。いくら人に礼を言ったって、寝床が敷いてなかったらどうなるね。

朝起きると、私は必ず「ありがとう。ありがとう」と言いながら寝床を畳んでます。自分で畳んで何で礼を言うのだと思うでしょうが、私は床に礼を言うのです。一晩この肉体を温かに休ませてくれた、ありがたいこっちゃと思って、「ありがとうございます」。あなた方から見ると、ばかみたいだろう、やり方が。そのばかみたいなところに真理があるんだ。

あなた方は、木の上に寝たこともなきゃ、地面の上に寝たこともなきゃ、穴倉に寝たこともないだろう。生まれてから今日までずっと、屋内の温かい布団の中に寝ている人たちにはわからないだろうな、何年かの間、木の上や地べたの上に寝た経験を持っている者が、床の中に寝かされたときに感じるありがたさというものを。本当にそれは胸詰まるような嬉しさでもって、礼を言わずにはいられないものですよ。

だから、どんな善人でも正しからざること、歪めることを思うに違いないお互いだが、せめて寝がけのわずかな時間だけは、今も言ったとおり、神・仏の前に出ても決してひけをとらないぐらいな美しい心になったらどうだね。なろうと思ったらすぐなれるんだもの。それには、心の中でそういった消極的なことに関わり合わない習慣を努力してつけなさい。

鏡を使った信念強化法

それから、同時にもう一つ、その努力により一層の拍車をかけるいい方法として、さっきも申し上げた、私がフランスで教わった鏡の魔力を応用する方法を教えてあげる。それは今まさに臥所《ふしど》に入ろうとするときだ、なるべく直前がいいよ、鏡に顔を映して、映った顔の眉間のところをじっと真剣に見て一言、「おまえ信念強くなる」、これを言って、床の中へお入りなさい。ほかのことは何も言う必要はない。「おまえ信念強くなる」。

ちょっと考えると不思議です。「おかしいな、おまえと言ってるけども、鏡に映っているのはおれじゃねえか。おれじゃなくて、おまえとはこれいかに」と思うかもしれないが、それじゃあ向こうにいるのがおれなら、こっちは誰や。物理学的にいったら、こっちが本物で向こうは映像なんだ。本物から映像は「おまえ」や。映像のほうからこっちを呼ぶときは、やはり向こうからこっちを「おまえ」と言うかもしれないけど、向こうは口利かないもの。「おまえ信念強くなる」、これ以外のことは何も言わなくていいのよ。

これがお願いであっちゃいけないんだよ、キリスト教信者なんかがよくやるような。「御心の天になるごとく、地にもなさせたまえ」。ずいぶん欲張ったことを言いやがるね。そんなこと言わなくても、天にましますわれらがお父っつぁんの心は、ちゃんと地面にもあるの。それを取り上げて自分だけものにしようと思って、「御心の天になるごとく、地にもなさせたまえ」って言いやがる。あるから心配するなよ。

そんな世迷言を言わないでさ、ただ、「おまえ信念強くなる」、この一言でまあやってってごらん。十日、二十日、一月《ひと》、半年続くといつかは知らず、自分の心に牢乎として抜くべからざる信念が出てくることを発見するから。「今までこんなことがあったら、すぐ心ががたついていたが、今度はがたつかない」とか、「今まではこういうことをするとき、非常に危ぶむんだが、今度は危ぶまなくなった」とか。もう早い人になれば一月かからない。

そう言うと、「私は何年もやってるけどまだ出てない」なんていうやつが出てくる。やらないからよ。やるときに真剣な気持ちでやらないからよ。やりながら、何かそこに一つの疑念を持ってやしないか。「変な顔だな」なんて、そんなこと思ったんじゃだめなの。「おまえ信念強くなる」と言うには言っても、心の中で「ほんま強くなるかな」と疑っている。言ったことが目の前にすぐ現れてこないものだから、あやふやなんだ。もう教わったから言わなきゃならねえんだけど、疑い深いから「なるかなこれで」と思うんだな。これじゃだめだ。

信念込めて言わなきゃ、だめよ。そして、明くる日目が覚めたら、あまりあれこれものを言わないうちに、この鏡に与えた暗示をもう一遍繰り返してみる。誰に言うとなく、「きょうは信念強いぞ」って。つぶやきでいい。自分の人生に対する考え方の決定を、その一語から出発せしめるんだ。昼間、人生に生き行く際にも何かで心緩むことがある。何かのことで心が弱ったように直感したときには、「おれ信念強いんだ」って言う。

方法はただこれだけなの。寝がけの気持ちをどこまでも積極的にすることの努力を習慣づけろ。それにはもう噛んで含めるように今言ったとおり、健康上や運命上の事柄が感ぜられる場合でも、一切これに関わり合わない。せめて寝がけのときだけは、自分の本然《ほんぜん》に帰れ。楽しむこと、喜ぶこと、嬉しいこと、微笑むこと、これが人間の本当の本然。なぜかというと、そういうときが一番楽しいし、一番爽やかだもの、人間は。

楽しいことや嬉しいことがあったときに、誰か煩悶する？　どんな神経過敏なやつだって、悶えや悩みや苦しみがあったら、面白くねえだろう。生きがいを感じないでしょう。楽しいことや嬉しいことがあるときには、生きがいを感じるだろう。形容できない爽やかさを感じるだろう。これまさに人間の本然であるからだ。だから、生まれたときと同じように本然に帰れ。私がいつも形容しているように、磨きたての真珠を薄絹に包んだような気持ちになったらどうだ。

消極的な言葉を使わない

そうして、同時に付加事項として必要なことは、言葉に常に注意深く、どんなことがあっても消極的な言葉を出さないように、日常の生活を営む際、自分の言葉を自分自身が取り締まっていかなければいけない。弱音、悲観、失望というようなものを表現する言葉を使っちゃいけない。「助けてくれ」「どうにもならん」「悲しい」「恨めしい」なんていうような言葉、「腹が立つ」「恐ろしい」「おっかない」なんていうような言葉を決して出さない。言葉は自己感化に直接的な力を持っているのよ。しょっちゅう泣き言ばかり言ってるやつの人生というのは暗いです。

うかつに用意なくあなた方はしゃべるという癖をつけているからいけない。まして、正しい人生、頼もしい人生を建設して生きていこうという人間として最も尊い気持ちを持って人生に生きる人は、どんな場合があっても悲鳴を上げないことを第一に自分の心に約束しなさい。何があろうと「まいった、何とか助けてくれ」なんてことを言わない。言ってどうなるんだ。自分の卑しさと力弱さをただ表現しているだけじゃないか。そう言うと、すぐ人が助けに来るかい？　言いながら、非常に爽快さを感じますか？　力弱い憐れな存在を表現した言葉で、ああいい気持ちだと思う者があったら、精神に異常があるんだよ。

人間というものは、いかなる場合であっても、運命の主人公であらなきゃいけない。運命の主人公であろうとする場合には、まず第一番に自己が自己の生命の主人でなきゃいけない。主人が自分の支配下に置かなきゃならない生命を悲しい状態や失望した状態で表現したら、一体生命は何を頼りに生きる。支配権を放棄するようなことをしたら、生命は一体どうなる。悲鳴を上げたらば、心の状態が崩れてしまう。これは支配権を放棄したと同じことになりゃしないか。

雲霞《うんか》のような百万の大軍でも、これを指揮する名将が上にあれば、命令一下、手足を動かすごとく、全軍粛として動く。けれど、指揮官が腰抜けで臆病でもって、だらしがなかったら、一兵一卒動かすあたわず、いえ、自分自身が第一動かないもの。どんな場合でも、言葉は自分の魂の表れなのだから、どんな場合があっても、弱音は断じて吐かないぞという、この決心を持っていなきゃだめ。

それには、普段、不平不満を言わないようにしろ。これが一番必要なことです。不平不満が、やがていろいろな価値のない弱音になって、言葉になって出てくるんだからね。不平不満を言うやつは罰当りだ。ものに対する感謝が本当に感じられないからなんだ。心が痺れている。不平不満を言うやつに限ってからに、おのれを顧みないで、上ばかり見ていますよ。「世の中に、おれよりも長生きなやつがある、丈夫なやつがある」とか、「おれより悪いことをして、税も取られずにいるやつがある」とか。

下を見てみろ、もっと不幸なやつがどれだけあるか。現在ただ今死のうとしている者もある。その死に方も病気で死のうとしている人もあるだろうし、殺されて死のうとしている人もあるし、自殺しようとしている人もある。いろいろな重い病でもって苦しめさせられている者もあろうし、また、運命やいろいろなことに苛《さいな》まれている者もあるだろう。

それに比較したら、自分が土台どんな病に責められていようと、どんな運命に虐げられていようと、生きていて、かてて加えて、世界の理智階級のすべての人が求めてなお得られない、こういう尊い貴重な人生解決の方法まで聞いている。この幸いを考えたとき、何の不満を言うことがあるの。

事あるごとに、「ああ、ありがたい、ありがたい」で暮らしていいわけだろう。病が出ようと運命が悪くなろうと、「ああ、ありがたい、造物主はまだおれに恩恵を与えたもう手を緩めていないな。これによって、おれに反省しろ、これによっておまえの間違いを正しくしろ、という示唆を、健康上の問題や運命上の問題で下されているのか。ああ、ありがたいことだ」と、こういうふうに考えて、感謝に振り替えたらどうだ。

それを、自分の思いどおりにならないことが起こるってえと、何だかんだ不平を言って、しまいには神を呪い、仏をけなすようなことまで言っちまうんだ。罰当りめ、そんな人間が救われる気遣いあるか。だから、常にもっとつつましやかに、自分の心を汚さないような気持ちになろうと思ったら、何事に対しても感謝、感謝で行ったらどう。

それから付帯事項として、いつもは言わない、新しい人を目当てに言うが、古い人もよく聞け。それらの意味を総合して考えるときに、講習会には欠かさずに来なきゃいけないということも直感的にわかりゃしないか。あなた方の生きている世界の中に、この天風会のこのお集まりに来たときほど、徹底的に自分の心の中を自分が努力をしないで掃除されるときはないということがわかりませんか。演壇に出てから下りるまで、どんな冗談を言う場合でも、私の口をついて出る言葉に消極的なものは一つもない。これが何十年の私の苦心と工夫をちりばめた講演の仕方なのです。

「もの言えば唇寒し秋の風」「丸い卵も切りようじゃ四角」というが、同じ意味でも、その言い方によって消極的にもなりゃ、積極的にもなるんだよ。たとえば、難しいことをするような場合に、「あなたはだめだ、そんなことおまえにできるもんかい」とか、「できるとしても、なかなか大変だよ」とか言うのが普通のあなた方の会話だ。同じ場合でも、私はそういう言葉は使いません。

「それはね、今までやらなかったから最初からいきなりパスッとできないかもしれないけど、やっててみろ、きっとできるから、遅かれ早かれ」

「たゆまざる心にむち打ってやってみろ、できるから」

こう言うと、結果に千里の隔たりが生まれるの。

子供が薄着して表へ飛び出そうとすると、教養のないおっ母さんは、頭から子供に余計風邪ひくような暗示を与えますね。

「だめだよ、あんたは体が弱いくせに、こんな寒いのに薄着してたら。子供は風の子なんていうのはよその子のこと。あんたなんて、すぐくしゃみをするくせに。このごろの風邪はペニシリンがあったってだめなのよ。ペニシリンだってうっかり打てるかい、おっかなくて。お母さん、あんた一人が頼りじゃないの、死んじゃったらどうするの」

死んだらどうするって、子供を殺すようなことを言ってやんの。同じ言うなら積極的な言葉で言えるじゃないか。

「表に出ていくなら外套を着ていくの。そうすると、風邪なんかひかないわよ」

これでいいじゃないの。時間が少なくて済む。私の講演を聞いているうちに何となくあなた方の中に勇ましい気が出てくるのは、これあるがためよ。「来たときは気が沈んでいたけども、ここへ来たら、もう帰りがけに晴れ晴れとした気持ちになれた」なんていうのは、私の口をついて出る言葉が、あなた方の魂に積極的に触れるからなんだ。

だから、「一遍聞いたらわかる」なんてそそっかしいことを言うな。四十年こういう道を説いて、しかも五十年以上こういう道を研究していても、まだ私にわからないことがいくらも人生にある。その中で、わかったことだけあなた方に説いている。それなのに、説かれたことだけわかったからって、全部わかったと思ったら、このぐらいそそっかしい話はなかろうじゃない。また、わかってもいいわ、偉いからわかるだろう。けど、わかった上に、なおかつわかったら、なおいいじゃねえか。わかった顔をして、わからずにいるよりはるかにいいよ。

心の積極的な人と接する

それから、次に必要なことは、常に心の態度の積極的な人の人格に接触すること。これがあなた方の心得なければいけない大事なことだよ。ところが、「友は類をもって集まる」という言葉のとおりで、あなた方というのは始末に負えないよ、気の弱いやつは気の弱いやつと仲がいいんだから、「同気相求むる」とばかり。「あの人は私の話をよくわかってくれる、私が話すとすぐ泣いてくれる」なんてよう言わんわ。おのれよりもはるかに心の積極的な人と常に接触しなさい。

女傑として有名なクレオパトラでも、気の沈むこともあり、悲しい思いをすることもあったらしい。クレオパトラの言った言葉にこういうのがある。

「不思議なるかな、ジュリアス・シーザーよ、彼が私を見てにこっと笑うと、たちまち私の心の中の沈んだ気は晴れ晴れとなる。まして、彼に握手をされたときには、私の全身全霊は直ちに生まれた本然に立ち返る。私には、ただ単なる恋人としてでなく、それより以上の階級の高い、あれは私の人生になくてはならない存在だ」

　磁石にただ複数の鉄板を付ける、そして、ある時間経ってからその鉄板のほうを調べると、やはり磁気が通っています。心の積極的な人に接触する、そうすると、自然とその積極的な心が見えざる電波を伝わって、あなた方の魂に感化を与える。いつも講習の後で私がやっている「お力」というのがそれです。瞬間、私があなた方の額へ手を乗っけただけでも、あなた方の身の内に力が電流の通うように通っていって、とみに心の非常な甦りを感じます。心が甦りさえすれば、ブリルを受け取るダイヤルの調子を完全に合わせたことになる。気の弱いやつばかりが相集まって、泣き言ばかり言う仲間で仲良くしていたらだめだぜ。

　講習会に来ると、私をはじめ、私の教えによって心の態度の積極化された人間が幾人もいる。女は女同士で握手をするもいいだろう、「こんにちは」って。弱い者と握手をすると、弱くなるよ。強いというのは、ヒステリーが強い人のことをいうのじゃないんだよ、心の積極的な人。別に恋愛の気持ちがなかったら男と握手してもよろしいし、女と握手してもいい。また、恋愛の気持ちがあったって、そこまで干渉しないから、ご安心ください。しかし、いとしさのほうの情ばかり勝ってて両方とも心がだらしのねえ、黒砂糖にお湯ぶっかけたようなのじゃしょうがないよ。健気な、颯爽《さつそう》と潑剌《はつらつ》とした、頼もしい積極的な心がなきゃ。

常にチャンスのあるごとに自分の心をよりもっと引き立てて積極的にするような人間と語り、握手しというふうに、始終人格の接触を図ること、これは決して無駄な努力でないことも申し上げておきます。

さあ、これでもっと説きたいことはいくらもありますけど、余計説いたって余計わからなくなるだけだから、観念要素の更改という重大な実際方法をお導きして、きょうの私の話を終わります。

誓詞《ちかいのことば》

今日一日
怒らず　怖れず　悲しまず、
正直　深切　愉快に、
力と　勇気と　信念とをもって
自己の人生に対する責務を果たし、
恒に平和と愛とを失わざる
立派な人間として活きることを、
自分自身の厳そかな誓とする。

第四章　積極精神の養成

――感応性能の強化②　心の態度を前向きに

知識と経験よりも人生に大切なもの

きょう私があなた方のお耳に入れるのは、お若い方の将来人生に対して、相当価値の高い参考を差し上げ得ると自信を持って言えるお話であります。演題は「積極性と人生」というの。

幾多の春秋に富む諸君は、誰もがひとかどの成功を望み、人生を幸福に生きたいと願っておられましょう。ところがこの万人に通有な念願というものが、果たして希望どおりに現実化されて人生に生きている人がどれくらいあるかという点から観察しますると、残念ながらその理想である人生を建設し得る人間は、一万人に一人いませんな。十万人に一人、これもおぼつかないでしょう。真実の成功を自分のものにし、真実の幸福を自分の人生に味わって生きてる人は、さあ、厳密な意味から言ったら百万人に一人、ありやなしやでしょう。

しかも、現代の文化民族というものは皆、ひとかどの成功ができ、また、人並みの幸福を受けられるような教養を知識として身につけている人々なのであります。そのわりに、その教養そのものが自分の人生建設の上に完全な状態で働きかけていないのはなぜか、その原因がどこにあるのかということも考えていただきたい重大な人生問題なんです。

昔、われわれが若かったころ、成功したかったら、幸福な人生にしたかったら、学生時代には、「まず知識を豊富にしろ」、さらに社会人になったらば、「自分の人生を建設する一番のファンデーション（基礎）となるべき経験を積め」、これがもうほとんどの学者、識者の後輩に対する占有的な教えであり、また訓戒であったというのが事実であります。それが現代、人間の作った衛星が空を飛んでいるような文化時代でもなお、心の方面の事柄だけは十年一日のマンネリなんです。一向に進歩もなければ変化もなく、後輩への訓戒といえば相変わらず「まず知識を蓄えろ」「まず経験を積め」なのです。

もちろん、何をするにも知識の必要なことは豈敢《あにあえ》て言うに及ばず、また、経験というものが自己をつくり上げる上で重要な条件であることは間違いありません。けれども、いくら学問をしても、いくら経験を積んでも、自分の心の中の積極性というものが欠けていたらば、その知識もその経験も本当にそれが理想どおりにコンクリート（具体化）されないのであります。

だから、ここにお集まりの中で、必ずや自分は将来、儕輩《さいはい》の群を凌《しの》いで人の世のために役立ち得る立派な人間にならなきゃならない、なろう、なりたいという念願を持っておられる方がおありだったら、これから私が申し上げることを現実にご自分のものにして、それを実行に移してほしいんであります。

何をおいても自分の心に積極性というものが失われたら、豈敢て成功ばかりではありませんよ、あらゆるすべての運命に対して、自分というものをそこから一歩上に進ませることができないんであります。これができるのは、学問の力でもなければ経験の力でもないんです。お聞きになったでしょうけれども、私も今年、九十であります。この九十の歳まで私がこうやってとにもかくにも多くの人々に教えを導きながら、こうやってきわめて満足な人生に生きていられるのも、これからあなた方にお聞かせする積極性の心というものを、若いときから失わずに今日まで来たおかげだといつも私考えるんです。

積極性というのは多く言うまでもなく、能動性のものであって、俗に近頃流行《はや》っている言葉で言えば「ファイトで行こう」ですが、思慮分別もなく「ファイトで行こう」というんじゃないんですよ。

何事にもベストを尽くす

時間がありませんから、きわめて率直な話でこの講演を進めて行きたいと思います。きょう私がわざわざ弟子の一人の博士である島中（俊次。天風会第四代理事長）を連れて来ましたのも、この積極性という講演の生きた証人として適当な人物だと思ったから、忙しい病院の医者を引っ張り出してきたんです。

あれが私の弟子になりましたのは学生時代なんです。日大の学生時代、いやまだ大学に入ってなかったな、高等学校時代から私のところに来まして、医学に志し、終戦の直後に医者になったんです。

ご存じじゃないかもしれませんけれども、終戦後は、よほど成績のよい中でもずば抜けていないてえと、学校卒業後五年経たないと博士になれないんです。昔なら金の力でもって、もちろんそれには成績もよくなければいけませんけれども、三年四年で博士になれたんです。私の時代には学校を首席で卒業できたら、無条件で学位をくれたもんですけども、今はそうはいかないんであります。それを私は、じつは知らなかったんです。

昭和のたしか二十五年でしたか、彼が医者になって二年ぐらいのとき、神戸の私の夏の集まりに、助手としてやってきた。そのときに、そういう制度があることを知らないもんですから、「来年は島中先生は学位を持った立派な博士になってくるよ」と、みんなにこう言ったんですよ。そしたら宿に帰って、島中青年が言った。

「先生、困っちゃったな。あんなこと言われたから、来年博士にならなきゃ神戸に来られない」

「なりゃいいじゃないか」

「今の制度は学校出てから五年経たないとだめなんですよ」

「制度は五年だろうと、優秀な成績持っていれば二年や三年だってなれないことはないじゃないか」

「それがそうはいかない」

「ばか言え、とにかく成績よくしろ、そうすりゃおれがきっとなんとしても博士にしてみせるから」

ここですよ。そのときもしも一般の青年だったら、「ずいぶん無理言うな、たとえ高等学校時代から教えを受けているとはいっても、ことによりけりだ。できないことをできるようなこと言われたんじゃ、とてもやり切れたもんじゃない」と、こういうふうに思うでしょう。「無理もいい加減にしろよ」と。

ところが、そう言ったのが八月ですよ。そして翌年の三月に学位を取ってくれました。「取れないことはないから取れ」と言ったら、「取ります」と言って。

結局、積極性が彼を立派な医学博士にした。その事実を知ってる私としては、きょうのあなた方に対するいい手本として、島中を連れて来たんです。これはもういわゆる生き情報ですからね。

くわしく説明しなくってもおわかりになったろうと思うんですが、とにかく人生というのはファイトで行かなければだめなんです。昔の儒学の教えは、「日々に省みて悔い改めながら行け」というが、私はそういうしちめんどくさいことでもって人生の解決をすることに不賛成な一人なんです。どこまでもファイトで行くんです。

ただしファイトで行くときに、私があなた方にとくに言いたいことは、成功したいとか、出世したいとか、幸福になりたいとか、そういう希望を胸に描きながら働いちゃいけないんですぜ。これが普通の人が言っていることと違ってる点なんです。

「まず目的を定めろ。人生のデスティネーション（目的地）ができなかったらば、あてどもない旅に出たと同じじゃないか。だから目的を定めて、その目的に向かって勇往邁進《ゆうおうまいしん》しろ」というのが、今も昔も学者や識者が後輩を教えるときに必ず言う言い草なんです。私はそれに賛成しないのであります。なぜかというと、目的を定めてやると、焦りが来るからです。「まだか、まだか」という焦りが来ると、ファイトに傷がつくんです。これは大事なところだから聞きなさいよ。普通の学者や識者の言うこととは全然違いますよ。がむしゃらでもいいからファイトで行くんです。

これを言うと、「ずいぶん無茶な講演聞くもんだな」と思うかもしれませんが、とにかくがむしゃらに行くんです。われわれの持ってる人間に与えられた知識の範囲というものは知れております。それでとやかく思案していたら、この時代に本当のファイトが出ますか。あれを考え、これを考え、いわゆる右顧左眄《うこさべん》してからに、難しい言葉を使えば逡巡《しゅんじゅん》して、グズグズグズグズグズグズ躊躇してばかりいると、進歩も発達もない憐《あわ》れな自己が出来上がるだけでしょ。ですから、どこまでも目的は定めない、心に従いながら、がむしゃらにファイトを燃やして行くんです。

これをもっと易しい言葉で言えば、「がむしゃらにファイトで行け」というのは「ベストを尽くせ」という意味です。何をするんでもベストを尽くして行くんです。

きわめて古い話ですが、豊臣太閤秀吉という人の出世物語は、私が少年の時分から大好きな物語の一つなんです。今と時世が全然違っているあの元亀・天正時代は、ばかでも軍閥の家に生まれれば出世ができたけれども、どんなに才が優れていようと、権謀術数が巧みであろうと、軍閥の家に生まれなかったら出世のできない制度がとくに厳粛にあった時代なんです。しかるにわれらの豊臣太閤秀吉となる人は、尾張中村の一寒村の水呑百姓の子でしょ。

都会の人に水呑百姓なんて言ったって、どんな百姓かご存じなかろうけれども、おそらく昔の水呑百姓といったら、今の日雇い労働者よりもまだ憐れでしょう。わずかな賃金で人の持っている田畑を耕して、それで無条件で金がもらえればいいんですけど、その田畑の作物の出来具合でもって報酬が違ってくるんですから、もう一年ほとんど無駄働き同様な状態で働かなきゃならないような年もあったに違いないのです。

そういう家の子に生まれた日吉丸、名前だけは天晴れですが、早い話が乞食と五十歩百歩なんです。それが天下に志を立てて、二十年で日本六十余州の兵馬の権を手にしたというのは、歴史に見られない出世ぶりでしょう。この人の生まれながらにして持っていた積極性が、彼をああならしめたんだというべき事実があるのであります。

あの人が最初、織田信長に草履取りとして仕えたということは、盛んに小説や雑文に書かれているからご承知のことと思います。そして草履取りで仕えた人間が十年足らずで、二十五万石の羽柴筑前守《ちくぜんのかみ》になった。草履取りといったら下郎の一番最下位の階級、それが十年で大大名になったんです。

そこで織田信長の親父の時代から織田家に仕えていて、織田家の総番頭のようになっていた柴田修理亮《しゅりのすけ》勝家が、これは別にやきもちを焼いたわけでもなく、出世を羨《うらや》んだわけでもないんですが、木下藤吉郎、羽柴筑前守というように日の出の勢いで出世をさせたので、織田信長にあるときそれとなく「お家のためにもいかがかと存ずるが」と忠告した。勝家は織田家の元老であり信長の後見人同様の立場にいますからね。

人はみんなそのときに藤吉郎を「サル、サル」と呼んでいたので、「サルめのお取立て、釣り合いがちょっと違うように考えますがいかがでござりましょう」と、こう織田信長に言った。すると信長が勝家に尋ねた。

「そちもそう思うか」

「いや家中みんなそう思っております」

「そうか、わしの家に幾人もの人間がいる中で、あの人間を本当に見込んでいるのはわしだけかのう」

「しかし一体いかなる点をお見込みになりましたのでござりましょうか」

するとと織田信長がこう言ったんですね。

「あれはのう、何をさせても一心じゃ。何をさせても真心じゃ」

つまり、「何をさせてもベストを尽くす」というのですね。草履取りをさせたら、草履取りとしての本分をまったくそつなく傷なくやってくれる。すぐに取り立てて供侍《ともざむらい》にすれば、供侍としての職分をこれから先も乱さない。槍一筋を与えてやれば、槍一筋を与えられただけの職分を尽くす。大名にしてやれば、大名として抜かりなく、そつなく仕事をする。何をさせてもあれは嫌だ、これは嫌だということはない。どんな卑しい仕事をさせても、どんな尊い仕事をさせても、同じ気持ちでやってくれる。この人間を見込まずにいられるか、というのです。そして織田信長はにっこり笑って柴田勝家にこう言ったそうです。

「おそらくは、わし亡き後の天下はあの男が握るだろう」

結局、何の軍閥もなきゃ何の身分もない境涯から、たちまちに日本六十余州の兵馬の権を手にする状態になったのも、あの人の真心を失わない、がむしゃらなファイトがあったからですよ。

あの人が、「群雄割拠の世の中で、今さらおれがチョコチョコしてみたところで、ヘタすりゃ殺されるのがオチじゃないかしら。第一、金もない、名もない。ここいらで見切りつけちまうか」という気持ちだったら、おそらく足軽ぐらいがせいぜいの出世でしょうな。それがまあ、乞食同様の身分から成りも成ったり、天下を指揮する人間に成り上がった。

こうした尊い事実を過去に持ってるお互い日本人、ふと考えたらば「おれだって同じ人間だ、なれるんだ」という信念が出そうなもんですが、やはり出んでしょうな。すぐ変な理屈をつけるんだよ。「おれなんかだめだ。何しろ意気地がないから」とか、「積極的といったってファイトは出ねえよ、この月給でもってこの毎日じゃ」とかね。すぐ、ネガティブな方面から自分の人生を考えるから、自分の人生の中に生まれながら与えられていたはずの積極性の根本である勇気というものが挫けちまうんです。人生も勇気が挫けたら積極性なんて出そうったって出やしませんよ。

こう申し上げると「一応話はごもっともでもって、たしかに間違いのない話です。できるんなら、おっしゃるとおりしてみたいんだけれども、たった今、あんたのおっしゃったとおり、どうも生まれつきおれは弱気で」なんていう人がこの中に一人や二人おありのようですから、そこで積極観念の養成法というのをお教えしよう。

これをやれば必ず積極的な観念は出てくる。これが自分の心かと思うようなポジティブ・アティテュード・オブ・マインド（積極的な心の態度）というようなものが自分の心に、自分自身が自覚ができる状態で発現してきますよ。そうなると、今までと打って変わった人生が生きられるってことになるでしょう。

たとえば何事かあったとき、「今までならこんなことがあったらすっかりしょげちまってからに、もうかなりだらしがないんだが、今度は違うなあ」という状態になったら、違うなあと自覚しただけでも非常な喜びを自分の心に感じるじゃありませんか。何をするんだって、どんな些細なことをするんだって。

そこで、この機会に一遍聞いたら忘れられない実行方法を教えてあげるから、それを本当に明日と言わず聞いたすぐそばから実行に移して、自分の実行がやがて自分の人生をつくり上げる根本になるんだということを忘れないように。

いくら私がこの方法をお教えしても、実行してくれなきゃ何にもなりません。しかし、あなた方の社長がここにいるんだから、これだけの人間の中でどれだけの人が実行したか、社長にはちゃんとわかるはずです。あの人間は実行しだしたな、これはだめだな、聞きっぱなしだなということは、結果でわかってきますから。

内省検討――自分の気持ちを検査する

そこで第一に、人生に生きる刹那刹那、些細な仕事をするときでも、重大な仕事をするときでも、その仕事に対して自分が今どんな気持ちを持ってるかを自分で検査するんです。「自分の心の態度は積極か消極か」「あの天風が言ったような、がむしゃらでもいいからファイトで行けという気持ちが出ているか、出ていないか」「躊躇するしみったれた気持ちが出ているか、出ていないか」。自分自身のことは自分自身が一番わかるんだから、自分自身の気持ちを厳《おご》かに自分が試験官になってからに検査することです。英語でいう「インスペクション(inspection)」ですね。

わずかなこと、些細なことのようでしょう。けれど、この些細なこと、わずかなことのように思われることが、人々の人生でしばしば忘れられてはいませんか。しばしばというより、ほとんど考えられていないんじゃないですか。

何でもかんでも自分の考えてること、思ってることはみんな間違いがないように思っちゃって、意気地のない憐れな力弱い考え方が出てるときでも、「これはしょうがないよ。右見たって左見たって、みんなおれと同じ気持ちになるに違いない。これが人間の本当の気持ちだろう」なんてなふうに、大抵の人は考えちゃう。

それで何かこう右も左も一緒になってガーッてやるようなときがあるってえと、いいも悪いもありゃしない、群集心理で自分も一緒になってガーッとやるのが現代人だ。そういうのを昔の東京の言葉で、お調子者といいましたね。この節の言葉では、おっちょこちょいっていいます。

自己判断が何もなくて、他動的に人の気分で動かされてる人間というものは、これは草木に群がるアブみたいなもんなんだ。だから何をするときでも、「自分は今、この仕事に対して躊躇を感じてるかしら、絶対やり抜くという気持ちを持ってるかしら」と自分自身を検査する。このインスペクション、それがあなた方の一番大事な自分の積極観念を現実にする第一の要領なんですぜ。

暗示の分析――人の言動に左右されない

第二は、人の言葉に動かされないこと。いい言葉に動かされるならいいけれども消極的な言葉に動かされたら元気がなくなっちゃう。燃えようとする火に水をぶっかけるのと同じ結果が来ちゃう。

世の中にはおせっかいなやつがいて、ものがわかったような顔しやがって、「おい、おい、おい、おい、そんな無茶するなよ。天風がなんて言ったか知らないけどよ、そんなことしてやりそこなったら大変だぞ。やめとけ、やめとけ」なんて言われると、しかもそれを少しでも自分の上役だとか、偉そうに見えるやつとかが言うてえと、せっかく燃えようとするファイトもスーッ。こういう人間は、他人の言葉や行ないのサジェスチョンでもって、自分の心がエレベーターみたいに上がったり下がったりするんですね。

これがまた、人生には非常によくないんです。断固として自分の心を自分がしっかり堅持しなければならない。人が歩いてるときに横丁から知らないやつが飛び出してきて、あんた方に「あっち向け、こっち向け」と言っても、言うことを聞くやつはないでしょう。大抵なら怒っちまう、「何しやがんでえ」と。

それでいながら、自分の大事な心の方面をウロチョロされても腹が立たないで、それが当たり前だと思ってるやつは、ばか以上に人のいいやつなんです。ところがよく考えてみれば、せっかくある気持ちを持ったのに、他人の言葉や行ないに動かされて、その気持ちが途中でスーッと消えてしまう、ということがよくあるんです。

とにかく縁があってあなた方が今の会社にいるのならば、そこでベストを尽くすんです。ベストを尽くすことに対して誰も文句を言う者はないんだもの。ベストというのはご承知のとおり、いいことに対して一心になって仕事をすることだぜ。悪いことに対して一心に仕事をすることをベストとは言わないはずです。初等の英語の学力がある人なら、おわかりになるだろうと思います。

がむしゃらなファイトというのはベストのことなんだ。がむしゃらというと言葉が下等になるけれども、結局、右顧左眄するなということですよ。右を見たり左を見たりしていると、躊躇という心が出てくる。躊躇という心が出てくると、ベストを尽くそうと思っても、せっかく燃えようとする心がスーッと下火になっちゃう。

対人精神態度——積極的な態度で人と交わる

第三は、本当に積極性を発揮し、ベストを尽くす人間になろうと思う者は、他人の気持ちもやはり自分と同じような気持ちにすることを常に考えなきゃだめよ。おのれだけ積極的であればそれでいい、じゃいけないんです。その気持ちで行けば、人の運命や人の境遇に対して、たとえ同情をする場合があっても、その人の気持ちを消極的にするような不親切な行動は出ないはずです。

働いている仲間の多いところだと、時々そういう人がいるんですよ。つまり悪気なき誤った親切でもって、先輩ぶったり、経験者ぶったりして忠告する言葉によって、相手を過《あやま》つ場合がある。

だから、自分が人と交わる場合、あくまでも積極的な態度を崩さないで交わること。これがまた非常に必要なことなんです。自分だけ積極性を発揮してからに、人には「おまえ、やりすぎちゃいけねえぜ」とか、「ここいらで手を緩めようや」とか、そんなこと言っちゃだめなんです。

自分だけではなく、人にもベストを尽くそうという気持ちを持たせる、それが誠心誠意ベストを尽くすということであります。

今、日本一の電気業者となっている人が若いときから私のお弟子でいたんであります。その人はね、まさか今日のような日本一の電気業者になるつもりでもって、あの仕事をしだしたんじゃないんですよ。

一番最初は、裏長屋を三軒借りて仕事を始めた。その時分に裏長屋一軒の家賃が三円五十銭で、それを三軒借りてたっていうんですから、十円五十銭だね。それで、当時、徒弟学校という職工さんを養成する学校があったんだけど、その徒弟学校の夜間乙種工業学校というのに夜通っている学生を、今でいうアルバイトだな、昼間だけ雇って、電信柱なんかについてる碍《がい》子《し》、あれの荷造りをする下請けをやってたんです。

そのとき、たまたま私のところに来たんです。まだ私が四十四、五の時代です。今からちょうど四十五年前か。その人は三十ちょっと出たころです。それで私の話を聞いて、感ずるところがあったんでしょうな。自分ではそれまではただもう卑しい仕事をしてるとしか考えてなかったらしい。ところが、私が「まず第一番に自分の仕事に対する本当の尊敬の念を抱かなきゃいかん」と言った。

それ、本当ですよ。靴ひとつ磨いたからとて、桶ひとつ洗ったからとて、自分のしてる仕事に対しては自分自身が尊敬を払わなきゃ。ところが現代人は非常に重要なポストを与えられて、普通の人よりもはるか上回った仕事をさせられると非常に尊さを感じられるけど、たとえば課長級の人に、「おい、ちょっとおまえ、きょう受付しろ」とか言ったらしやしませんよ。「ばかにしやがって、おれは課長じゃないか」と。ところがこの人は、そうじゃない。この人、しばしば新聞や雑誌に出るんですが、「今、私はここの会長ではありますけども、この仕事だけは営業部長のつもりでやっております」って言ってるんです。誠心誠意なんですから、この人は。

碍子を包装する仕事をしてるときでも、「一つも荷崩れがあっちゃいかんぞ、ここでもって包んだ碍子に破損があったらおれたちの恥だからな、みんな一つ一つ自分のもんだという愛情を持って包みなさい」というようなことを言っていたんだ。わずか十人ばかりの職工の卵をアルバイトで雇っている小さな会社でね。

ところが間もなく、「あそこの品物だけは安心して使える」と評判になって、それから会社はどんどんどんどん大きくなったんです。その人は「自分でも今日、あんなに偉くなっちゃったとは不思議だ」と言っています。「もう先生のおかげでもって、先生に教わった気持ち一本でやってます」と。

まあ、この人ばかりじゃない。いくつかの成功者はみんなそうですもんね。だから、こうやって話をしながらも、お若い人たちを見るてえと、本当にこの教えを実行したら将来どうなるであろうかと考えながら、お教えする私のみが知る喜びに今、心燃えているんですがね。

取越苦労厳禁——当たって砕けろ

第四は、取越苦労厳禁。苦労性ってやつは昔は年寄りに多かったんだが、この節、若い人にも多いのね。「このまま行ったら、自分はどうなるだろう」なんてことを、くよくよ心配しているのが。あれがああなって、こうなって、こうなるとこうなって、と考えているうちにぺしゃんこになっちまう。

われわれの若いときなんて、そんなこと考えたことないね。もっとも「おまえさん、少し精神に異常があったんだろう」とおっしゃるかもしれないけれども。私が十六のとき、時まさに日清戦争が始まる間際のことです。

「どうだ、どんなに暴れても懲役に行かないでいいところがある。好き自由なことをしても、どこからも咎められないところがあるが行くか？」

「そんなところがこの地上にあるんですか？」

「ある」

「どこです？」

「満洲に行け、満洲に。やがて日本とシナが戦争を始める。おまえのような者が行って、向こうの様子を探ると、日本の陸軍のためにどれだけ役に立つかわからん、行け。だがしかし、一応は断っておくぞ、生きて帰れるとは思うな、戦争の犠牲になることを承知なら行け。しかしよく考えてみろ、男一代、名は末代、生まれりゃ必ず一遍は死ぬ。どっちにしても死ぬとしたらば、生きがいのあるところで生きて死ね。どうだ、行くか」

「参ります」

今の若い人なら、「ちょっと待ってください、いくらくださる？」これが一番先でしょう。

「金っていっても、向こうで生活する金は決して困らせるようなことはしないけれども、生きて帰れないんだからね、いくらやるって約束はできないけれどな」

「そうですか、金にならないんですか、やめますわ」

金にならなくても帰ってから会社の重役にでもするってんならともかく、死んじまうなんてつまんないね、これ。「おれはごめんだよ」ってことになるでしょうな、今の若い人なら。

この話をすると、あなた方みんな私の顔を見て、「精神に異常があるから九十までもあの元気で生きてられるのかな」と思うかもしれない。決して私、精神に異常があるとは思いません。ああやって多くの医者が私の弟子になっているところを見るてえと、異常のある男とは自分は思ってませんが、とにかくそんな時代の少年の気持ちには、今の子供さんの持ってるような、いやらしいこの苦労性が災いするようなヘンテコリンな気持ちはなかったんですね。時代の流れですから、それをいいとか悪いとか批評はしませんけれども、若いうちは若い気持ちになりたいな。

若い気持ちは炎と燃えてるはずだ。燃えてない？　燃えてなきゃ、これ、問題にならないな。九十の青年でさえ、このくらい炎と燃えてるんですから。ここにいる人はみんな、私の半分の半分ぐらいの人ばかりだろ。当たって砕けろという言葉が一番いいんだ、若いうちは。ちっとやそっと愚か者と思われてもいいいんだ。

石橋を金で叩いてるような、薄い氷の上をおっかなびっくり渡ってるような人生を生きてたら、そのままあなた方の人生は萎縮しちまうぜ。空気の抜けた風船みたいになっちゃう、どんなに学問しようが、どんなに経験積もうが。

結局、当たって砕けろです。無茶な考えであるかもしれないけれども、ベストを尽くして行きさえすれば当たっても、向こうのほうが砕けちまう。こっちは砕けないもの。

正義の実行――本心良心に背かない

それから最後に必要なことは、どんな場合にあっても本心良心に背かないこと。もう人生に失敗する人間のほとんど九割九分までは、感情と感覚の心でもって、自分の心をただもう、あるがままのわがままな状態に働かせてる人たちだ。

本心良心、これはどんな悪党にも生まれながら与えられてあるんですから、もちろん悪党でない人間にも、もともとある。今まで一遍も見たことないっていう人があるでしょうけど、人にすまないことをしたり、すまないことを言ったりすりゃ、必ずなんとはなしの後ろめたさを感じるでしょうが。感じない人は私から社長さんにお願いしてからに精神病院に入れてあげます。嘘をついていい気持ちか。悪いことをして何とも言えない晴れ晴れとした気持ちになるか。人のいないところでつまみ食いをするのでさえ、なんとはなし、憚《はばか》られるのが本当の人間の心じゃないかな。

私はね、昔、軍事探偵をしていた。軍事探偵というのは、言葉だけ聞くとばかにきれいに聞こえるでしょう。ここにいるお嬢ちゃんたちの中には、「あれ、天風先生って軍事探偵だったの？　『間諜《かんちょう》X27』や『マタ・ハリ』みたいな？　よかったでしょうね、先生の若いときは」なんて思う人があるかもしれないけれども、どういたしまして、日清戦争、日露戦争の軍事探偵ときたら、乞食だって顔負けするぐらいの艱難辛苦《かんなんしんく》に耐えなきゃならない。もう、ぼろぼろのドンゴロス（麻袋に使われる厚手の粗布）の服を着て、頭はシラミの巣みたいなもの、お風呂には私、三年入りませんでしたぜ。

その軍事探偵をしてるときだって、毎日毎日がもうただ楽しくて嬉しくて仕方なかった。自分のしてる仕事が、日本のためにどれだけいいかわからないのだと思うと、することが楽しくて嬉しくて。しかも軍事探偵のすることは詐欺と泥棒だけなんだから。みんな軍事探偵でないようにしょっちゅうカモフラージュしなきゃいけない。これは詐欺ですね。

私なんか浙江省の奥に生まれた啞《おし》の人足だというふうにしてた。口きくとね、たとえどんなに流暢に満洲語がしゃべれても蒙古語がしゃべれてもだめなんですよ。ロシア人が見れば、これはわかりません。けれども満洲人が見ればすぐわかる。この集まりの中にシナ人や朝鮮人がいたらすぐわかるでしょ。日本で生まれ育った朝鮮人、シナ人はちょっとわかりませんよ。でも中年でもって日本に来たやつはすぐわかる。あれ、国籍違うよねって。ですから満洲に行って、いかに満洲言葉がしゃべれても、しゃべっちゃいけない。自分の腹心の者以外にはしゃべらんことにしている。だから、唖になるのが一番。

とにかく、今言ったとおり、することといったら詐欺と泥棒。向こうの秘密の書類をこっちに持ってくるのが軍事探偵の仕事ですからね、泥棒しなけりゃ持ってこられない。事情を打ち明けて、お願いして渡してくれりゃ泥棒しなくたっていいんですけども、お互いの国が戦《いくさ》をしている最中、向こうの人間にお願いするわけにもいかない。

「お大事なものでしょうけれども、それを貸してくれませんか。私が持って行くと日本の陸軍のためになるんですが。三日ばかりでよござんす」

「ああ、それじゃ持っといで」

なんて言いませんからね。しょうがないから、取れる手段で取らなければいけません。相手が肌身につけてりゃ、やむを得ざる最後の手段として無条件で渡すような状態になってもらわなきゃいけません。そのときはどうにもしょうがありませんから、場合によっては最後の手段でもって大手術を施しちまわなきゃいけない。

なんか非常に愉快そうに私が話してるもんですから、「あの人、殺人鬼みたいな気持ち持ってるんじゃないか」とおぼしめすかもしれないが、そうではありません。お国のため、民族の幸福のためという大きなお題目のもとに働いてても、やはり敵の書類を取ってきたり、取るべき手段としてやむを得ず大手術を行なったりなんかすると何とも後味が悪い。後味が悪いというのは本心良心があるから。大義名分のある行為でさえ、本心良心というものはちゃんと知ってるんですよね。

知ってるというのはどういうわけだというと、たとえ国のため、民族のためとはいいながら、生きてる人の命を取るなんていうのは、これはもう厳密な真理の上から言えば、大きな罪ですよ。ですから本心良心は、理屈を超越して本然《ほんぜん》のままで裁くから、決していい気持ちを感じないんです。

そういうときでさえ、本心良心というのは人間の行動をちゃんと顧みさせてくれるんですから、普段の場合はなおさらです。よろしいか、どんなことをするときでも、言うときでも、本心良心の咎めを受けないこと。いい気持ちでベストを尽くすこと。それをがむしゃらというんです。

がむしゃらという言葉を考えてごらん。「がむ」とは我を無くしちまえということ。感情や感覚が我なんですから、これを捨てちまうのが、がむしゃらです。大義に即して本然の自分を生かしていくことです。

易しかったでしょう。たった五つだもん。

自分自身の気持ちを自分で検査するのが、「内省検討」。人の言葉に左右されるなというのが、「暗示の分析」ですね。人に対する態度は、あくまでも積極的で行けというのが、「対人精神態度」。四番目が、「取越苦労厳禁」です。そして最後が、常に「正義の実行」。

これくらいのことができなかったら、よくも学校を出られたなと言いたいくらいですよ。小学校でも出られた人ならば、これくらいのこと実行できないはずないですよ。まあ、やってごらん、だまされたと思って。すぐにやる。たった今から。こんな机の上を片づけるときでも気無しで片づけない。ベストを尽くす、何をするのでも。

獅子は兎を殺すときでも全力をふるう。百獣の王ライオンは、どんな弱い動物を捕えるときでも、自分と対等の敵と戦うような気持ちで戦うという。これは事実そうらしいです。野山に棲むあんな猛獣なんかも手本にしていいな。

あなた方も大事といえば重んじるかもしれないが、小事というと軽んじる恐れがありゃしません？　わずかなことでも、自分の心に裏腹があっちゃいけないわけだ。ベストというのは裏腹がないことよ。がむしゃらというのは公平に、ただ一本誠。言われてみれば、もう知ってることばかりだ。あなた方も、知ってることばかりで、実行してなかったことばかりだ。そうでしょう？　実行してごらんなさい。

きょうは社長があそこに控えてて、私がここで話してるんだから、一年、二年、三年ぐらい経ってから、「どうでした？」って聞いてみるわ。あれとあれは大変よござんしたが、これはだめですというのが出てこやしないかと。だめなほうに入っちゃいけませんぜ。だめでないほうの人が余計できたら、ただ単に会社の大きな誇りであり、また力であるばかりじゃない、そういう人間が増えるということが、これからの国家にとって、社会にとって、非常にありがたいこと嬉しいことなんだ。

短時間ではありましたが、申し上げることだけは十分申し上げたつもりであります。この上はご実行。ご実行だけを私の最後のお願いとして、きょうのご静聴に感謝して終わりたいと思います。ありがとうございました。

（本章は、天風会会員向けの講習会ではなく、企業の新入社員を対象に行なわれた外部講演会に基づいています）

第五章　神経反射の調節

——感応性能の強化③　ヨガの秘法・クンバハカ

誤った知覚が心を乱し体を脅かす

今晩は、心を積極化する問題の中の三項目、神経反射の調節についてお話しします。

普通、多くの人々はおそらくは大抵考えていない問題じゃなかろうかと思う。なぜかと言えば、自分の現在感じていること、そこに間違いがあろうとは思っていませんもの。ところが、事実においては、なかなかもってそうではないのです。

感情や感覚のショックや刺激を正当に受け取っていないのですよ。これは自分じゃ気がつきません。気のつく道理がないもの。それも自分の神経生活機能の中に何か急な変化があったのであれば、これまでの感じとたった今の感じが違うということが感じられるかもしれないが、長い月日の間に神経生活機能の反射作用が非常に興奮した人は、だんだんだんだんにそうなったのですから、そういう心の感覚や感情のショックや衝動をとらえるときのとらえ方に間違いがあるとは思いやしません。

ですから、多くの人はやがて私に教わる方法をやるにつれて、「聞いたときはそう思わなかったけれども、やっぱりそうだったか」と感ずるに違いないと思うが、今のところは神経系統の反射作用の調節ができていないために、本当は五か十ぐらいの感覚や感情のショック・衝動を、心にそれを知覚せしめるときには百や二百と大げさにしてしまっているんだよ。もちろん、それは気がついていません。気のつく道理がない。正当な神経系統の反射作用とはどういうものなのか知らないのですから。現在、自分の命の中で働いているこの神経系統の反射作用が正しいものだと思っているのです。神経系統が乱調子に陥《おちい》っている人間は間違いを間違いと感づくはずがないので、本当は五か十程度の感覚的なあるいは感情的なショック・衝動が、心に入ってくるときには百、二百と大げさになっちまう。

あなた方もこういう経験を持っているに違いない。非常に心配し、非常に恐れ、あるいは腹立ちを感じたとき、そのときはもう興奮しちゃって、居ても立ってもいられない。さて、時間が経って気が静まって考えてみると、さほど怒ることでもなかった、さほど恐ろしいことでもなかったと感じた、こういうことを過去に何遍か経験していないか。

神経系統の生活機能が正しく調整されて、反射作用がこれも正確に行なわれている人には、そういう後から考えて思い直すような滑稽はないのです。ところが、この神経系統の生活機能の乱調子に陥った人は、もうだんだんだんだんに感情を大きくしてくる。だから、心がそれを受け取るときの状態を知覚といいますが、もとは小さくても、知覚のときには大きくなって心に入ってくるんです。

小さなものを拡大鏡で映すと大きく見える。ご承知のとおり、レンズの中で光線が屈折するから大きく見えるんですね。拡大鏡がこれを映していると知らないで、目で見て大きなものが見えれば、それはたしかに大きなものとして感じます。映画のスクリーンに映る画は大きくても、もとのフィルムがきわめて小さなものであることは、あなた方ご承知のとおりです。あんな大きな画が回転しているんじゃないんです。映写機の本体の中にあるレンズの屈折によって、あれだけ大きく見えるだけなんです。けれども、われわれはあれを見ているときに、もとの小さいことは考えやしません、そうでしょう。

それと同様に、現在自分が知覚しているものが感情や感覚の本当の姿だと思っている人生に今まであなた方は生きていたのです。それがために、驚かなくていいことにも驚き、悲観しなくていいことにも悲観し、恐れなくてもいいことに恐れて、ずいぶん意味のない、くだらない、憐《あわ》れな、惨めな人生の時間を生きていることがしばしばあることを考えなければいけない。

それが、そのままで済めばいいですよ。そのままで済めばいいのだけれども、どっこい、なかなかそのままじゃ済みません。人生に受ける影響は、このもとの大きさや小ささにはよらない、心の知覚した分量によるのです。本当は五か十でも、心が百、二百と受け取ると、その百、二百と受け取った心の知覚は、心の安定に大きな影響を及ぼす。それで心の安定にぐらつきがくれば、ただちにまた、ものの声に応じたように、神経系統に再反射作用というものが起こります。

池の中に石を投げ込む、そうすると波立って周囲に行きます。周囲の岩なり岸なりにぶつかれば、またその波が返ってくるだろう。それと同じように、すべての感情・感覚が一遍心に知覚を生ぜせしめると、今度はその心の受けた知覚に応じた神経系統の状態がそこにこしらえられるのです。だから、事のいかんを問わず、心が非常にびっくりしたり、恐れたり、悲しんだり、怒ったりすると、その程度が高ければ高いほど、われわれの命をつかさどる大事な役割を行なっている神経系統が、ごちゃごちゃにかき回されてしまうことになるのです。

その結果、健全な肉体を保って生きていくことができないという、自ら知らないとはいいながら健康破壊の大きな失策をしでかしてしまうことになるのです。だから、何をおいてもまず第一番に考えなければならない問題は、世の中に生きる刹那刹那、われわれの感覚や感情も絶え間なくいろいろなショックや衝動を受けている、それを正当に心に受け取るにはどうすればいいかを知ることじゃないんでしょうか。

私が一番初めに、人間の生命の秘密の消息を知りたい、そのために研究しようという気持ちを起こしたのは、この事柄を感じたからです。もっとも、このような言葉で理解していたわけではないですよ。けれども今にして思えば、そのとき感じたのは、まさにこれに該当する事柄なのです。

青年期を過ぎて壮年期に入ろうとする刹那まで、私は人生に何の悩みも持たない、きわめて恵まれた幸福な人間であったと言い得るほど、健康も運命もまことに和やかで、毎日、生きること自体が大きな楽しみでした。

傍《はた》から見ると、「命がけの軍事探偵なんかしていて何が楽しみだ」と思うかもしれないが、ああいう仕事は楽しみに思わなきゃできる仕事じゃありませんよ。苦しいことをとくに楽しみに思うことによって働いていたんじゃない、人が何と思おうと私は、頭から、非常な楽しみと思ったから行ったんだ。この点はあなた方の常識と私の常識は違うかもしれない。

「まかり間違えばすぐ死んじまうんじゃないか。それも、非常に贅沢できてからに、三度三度、食前方丈の贅を尽くし、かゆいところに手の届くような介抱をしてくれるところの美人でも脇にいるんならともかく、話を聞いてみるというと、おおむねは野に伏し山に寝て、普通の人間から考えたら耐えきれない艱苦難渋《かんくなんじゅう》をあえてして、しかもそれが楽しみだったのかい」と言うが、それは見ようと考えようだもの。私は、男としての生きがいのあるこれ以上の仕事があるかと思うくらい、あの仕事を楽しみに思いましたよ。

もちろん、その根本要素は、普通の人よりもよほど心の態度が積極的であったからに相違ないということは、これは自惚《うぬぼ》れでも何でもないと思う。あの当時の日本人の精神的態度というものは、今の日本人とは比較にならん、と言っちゃ現代人を侮蔑したようかもしれないけれども、実際、比較にならないほど頼もしく、また積極的でもあったと私は思うのです。少なくとも七十を越した人だと、私の言っていることを「そうだ」とお感じになるだろう。その前の人は、その当時生きていないんだから、わかろう道理もないが。

その仲間の中でも、より心の強い者でなければ、あの厳しい採用試験には及第できなかったのです。とくに胆力の試験のごときは、一カ月の長い間にわたって、手をかえ品をかえて行なわれるんですよ。一番これが大事な条件なんですから。難しい学問の検討なんかしやしない、三つだけなんです。胆力と注意力とそれから完全に自分を守るだけの武術の腕前があるかないか、この三つだけなんです。

その三つの中でも一番厳重なのが、この胆力が本当にあるかないか。武術のほうは二日三日経てばすぐわかります。陸軍大学には相当腕っぷしの強いやつがいる。その腕っぷしの強いやつに負けないだけの腕前があれば、もうそれで一遍でもって通過します。注意力の検定のごときも、長くはかからない、簡単にできてしまう。でも、胆力の一件だけは一カ月にわたって、毎日毎日手をかえ品をかえ、いろいろな人が入れかわり立ちかわりこれを検査するのです。ですから、三千人の志願者から選《え》って、選って、選り抜いて、最後に二百人しか残らなかった。残された中に入れられた私ですから、自惚れでなく私はほかの者より心が強かったと言い得ると思うのです。

また、戦地に派遣された百十三人のほとんどが片っ端から殺されちまうなかで、とにかく生き残ったわずかな人間の一人に私がなり得たことも、結局、自分の心の力が非常に強かったためだろうと思う。大抵の者は我慢しきれなくなっちまうんですよ。追い詰められたとき、生きる道を見出す時間が待ちきれなくなって、大抵は自分の命を落としてしまうようなばかげたことをやっちまうんです。忍耐力というものは、結局、胆力と相対比例していますから。

忍耐力が難事を達成させる

あなた方が苦しいときに、天風という人はこういうことをしたのかということをひょいと思い出すと、自分の我慢力を持ち続けていく上で、少しは参考になるだろう。

地図を見て考えてごらん。私、急に連絡しなきゃならない敵の情報が手に入ったので、チチハルから牡丹江まで、昼夜兼行で行かなきゃいけなくなったんです。日本の鉄道よりも幅が広くて、速力も日本の現在のつばめなんかよりも二倍も出るような急行の定期便もありましたが、チチハルから牡丹江までは、どんなに休みなしに急行を走らせても二十八時間かかるのです。今は飛行機でもって五時間で行っちまいますが、飛行機なんてものはその当時ありゃしません。さすがに公然と旅客になって急行に乗れば一遍でわかってしまう。当時の満洲鉄道は露軍の独占物です。乗務員から罐焚《かまた》きまで、みんなロシア人なのです。

　そこで一策を案じ、火薬を送る貨車の中にもぐり込もうと思ったのです。なぜかというと、火薬を送る貨車には普通の者はなかなか近づかないからです。この火薬輸送列車には、輸送当番下士官と衛兵が、まず多くて十人ぐらいしかいないのです。もちろん、二十台、三十台とつながっている貨車です。この貨車の中は、下のほうに火薬の箱が詰まっていて、その上はみんな秣《まぐさ》です。これは、火薬が衝動によって爆発しても、秣を詰めておくと破裂の勢いが非常に緩和されるからです。その秣と天井との間に五寸ぐらいの隙間がある。ここにもぐり込んじゃったらいいと考えたんです。のべつ顔を横にしないと鼻をぶつけるような状態です。幸か不幸か、いくらか私は鼻が高いものだからね。小便は無論垂れ流しですよ。

　軍事探偵になるときから一年間、自分の意志でもって排泄の時間を統御できるように、必要でないときは行かないように訓練してあります。くしゃみ一つ、あくび一つしないようになっている。あなた方のように盛んにくしゃみなんかしていたら、一遍で捕まってしまう。軍事探偵の仕事の中でも一番男らしい離れ技として、われわれが楽しみにやっていたのは、円卓会議のテーブルの下にしゃがんでいること。これはみんな大きなスリルとして、喜んでやったもんです。会議をやっているやつがばかに見えるもんね、下にしゃがんでいると。円卓の周りにやっこさんたちがみんないるんです。その下にしゃがんでいる。このときにくしゃみしたらどうなる？

ともかく貨車にもぐり込んだ。小便だけは片方の大きなほうよりもたびたび出ます。これは垂れ流しだけど、知れっこない。秣の中を通っていけば下は火薬だもの。一番警戒しなきゃならないのは、止まったところで戸を開けられたときに発覚することです。けれど、チチハルから牡丹江まで行く間に、たった一遍しか戸を開けられなかった。戸を開けるといったって、止まっている間に少し開けて、異常があるかないかを士官立ち合いのもとで見るだけ。異常があってもわかろうはずがない。中に日本の軍事探偵が一人寝ているのなんてわからない。「異常なし」で、また鍵かけて行っちまう。鍵がかかっているんですよ、これは。中からは開きやしない。火薬輸送の貨車ですから、大きなショックを起こしたらバーンと来る。来たときは百年目だって覚悟で入っていました。

それで、驚くなかれ三日二晩かかってようやく牡丹江まで来た。火薬ですから、いきなりプラットホームに入れません。すべての安全を確認してからプラットホームに入れる。それに三時間ぐらいかかった。その間、綿密な護衛をしているつもりでも、やっぱり手抜かりがあるんです。車の両方で警戒しやしません。大抵一方のほうには護衛がいない。貨車の中にいて気合をはかって、出口をこっちと決めておくんですよ。

荷をおろすときには苦力《クーリー》が両側から来て作業をするんですが、予定の場所に着いてからドアの錠をいちいち外す手間を省くために、衛兵があらかじめ各車両のキーを外しておくんです。それから予定の地に貨車を入れる間に逃げなきゃ、逃げるときはないんです。その間、本当に二分か三分。私はうまく飛び出したんですが、そのときに逃げちゃだめなのよ。こっちは苦力の姿をしていて、苦力は何百人といるんですから、その中に一人ぐらい変な者が入ったってわかりゃしない。だから、おりてから一緒になって秣を片づけて、ひょいとしょって行きゃいいんです。

そのときに、もしも忍耐力がなかったらどうなるか。飲まず食わず、食堂車に行けないんですよ、ありゃしないけど。それで二晩と三日、仰向いたままの姿勢でそのままじっと動かずに目的地まで行くというのは、今の人にはできないだろうな。それだけの我慢が続かないだろうと思う。第一やる気にならないだろう。そういうことも平気で、むしろ楽しい仕事の一つとしてやってきたのです。

牡丹江に着く約十時間ばかり前、名も知れない小さな駅で止まったときに、私の入っている貨車を調べに来やがった。ガラッと開けて、形ばかり開けるんですけれども、それでガラッと閉めていったときに、「ちきしょう、間抜けなやつらめ。ここにおれが入ってるのもわからないで、異常なしとぬかしやがった。異常大ありじゃないか。でも、戦争ってのは面白いもんだな、こういうスリルが味わえて」と、ただそのときにはスリルを味わったことばかりが嬉しいんです。

こういう話をしたって、あなた方には素直に受け取れませんよ。「あの男、少し気がおかしいんじゃないか。開けられやしねえかと、足音が近づいたときから胸がどっきんどっきんしそうなもんだ」って思うかもしれないけど、そんなことで胸がどきどきしたらこの仕事できやしません。胸なんてものはそうどきどきする必要のあるものじゃないんですよ。他人の胸じゃないんだから、自分の胸だろう。

キリスト教への失望

ところが、語ればあなた方がびっくりするような、あなた方とは違った強さを持っていたはずの私が、病になってから気が弱くなってしまった。こんな自分を感じるような憐れなときが来るとは思っていませんでした。もっと率直に言えば、強かったはずの私が弱い私になってしまうとは思わなかった。そのときの口惜しかったこと。地団駄踏んでもきかないほどの口惜しさです。「何だ、おれはいつの間にこんな病に負けてたんだ。全然なっちゃいないじゃないか」ということを感じたときの悔しさというものは、とても形容できません。

ところが、あなた方は悔しく感じないから、私はおかしくてしようがないのです。「病で苦しくてのたうち回るのは当たり前じゃないか、やるせなきゃ悲鳴を上げるのは当然じゃないか」と、こう言うのですが、当然でないことを当然だと思ってりゃ、当然なことは当然でなく思えますわね。

そこで、何とかして昔のような、今まさに命が絶えなんとする瞬間刹那においても、心動かざること山のごとき大乗盤石であった、おれのあの強さに立ち返りたい。これが結局、真面目に人生を求めだした一番最初の私の気持ち、心持ち。それまでは人生なんてものは頭から考えやしない。そして、そのぐらいのことは誰でも知っているわけのないことだと、こう思ったところに、知らない間に今日の私をつくり上げてしまう理由があったわけです。

最初は、こんなことぐらい誰でもへいちゃらで知っているのだろう、ぐらいに思って、日本のその当時の偉い人という人に、片っ端からチャンスのあるたびに会って、そして、自分の心の弱った状況を告げて、これを強くするにはどうすればいいだろうかと聞いた。誰も教えてくれたりはしないのです。

その当時は今よりも偉い人間がいたのです。現に、私のおじのごときは、明治維新の際、憂国の志士として東奔西走し、命をかけて働いてきた人間です。ところが、そのおじに聞いたってわかりゃしないんです。「何じゃ、心が弱くなった？　男の恥さらしめ、強う持て」ただこれだけ。これで持てるなら何も苦労しないのよ。「持て」と言ったって持てやしないんだもの。言われたときだけは何かグッと興奮したように感じても、もうすぐに脈を気にしたり熱を気にしたりする。

それで、しまいには、宗教界でその当時、日本一といわれていた人たちに会った。坊さんのほうじゃ新井石禅《あらいせきぜん》、これは森田悟由《もりたごゆう》という人の高弟で、生き仏といわれた有名な人、それから、キリスト教のほうでは海老名弾正《えびなだんじょう》、日本のキリストといわれた人。だめだ、こんな人、いくら会っても。オーバーコートを着てぬるま湯に入ったような気持ちがしますよ、あの人たちに会うと。変なたとえだけれども。

海老名弾正のごときは、今考えてもよくあんなことを、道を求めて会いに来た者に平気で言ったものだと思うんだ。

「おまえはバイブルというものを読んだことがあるか」

「われわれの考え方からすると、あまりに子供だましみたいなおかしなことばかり書いてあるので、何遍も読みました」

「そうか、子供だましのようでわれわれをばかにしているなんて、もったいないことを言うんじゃない」

「けれども、私はもったいないということを感じないんです、いくらあれを読んでいても。そんなにもったいないものですか」

「もったいないことじゃ」

「そんなにもったいないのなら、われわれのようなわからずやが読んでいるうちに、もったいない気持ちが起こりそうなものですが」

「もったいない気持ちで読まないからじゃ」

　これからして、すでに私にはわからない。本当にもったいないものなら、わからない者が見たって、もったいなく感じそうなもんじゃないか。でも、ちっとももったいなく感じない。いまだにもったいなく感じない、私は。だって、あのくらいのことなら私だって言えるんだもの。それで、おれに、

「アーメンを言ったことがあるか」と言うから、

「言ったことありません」

「そういうおまえは不心得なやつだ。言いなさい、アーメンを」

「アーメンを言うとどうなりましょう」

「神の救いの手がおまえの命の中に伸ばされる」

「はあ」

「はあじゃないよ。朝に夕べに折りあるごとにアーメン、アーメンと言い続けなさい。言っただけでも心がきれいになる。天にましますわれらの父に慈愛のお力をいただく合図をしている

ことなんだ、アーメンは。アーメンと言い続けろ」

それで、ちょっとこういうことを考えたんだけれども、それを言ったらまた何かぬかしやがるだろうと思ったから言わなかった。私はこういうことを考えた。

「アーメンと言わないと、天にいるお父っつぁんだかおっ母さんだか知らないけど、それがこっちに来ないのかしら。天にましますお父っつぁんっていうのは、悪人だろうが善人だろうが、わかる者だろうがわからない者だろうが、等しく皆慈愛の手でもって愛の恵みを授けられると聞いていたが、アーメンって言わなきゃいけないのか」と。

しかし、とにかく言えというんなら言おうと思って、「アーメン、アーメン、アーメン、アーメン」って、真面目に言ったよ。生まれてから初めてだよ、あんなに真面目に私が「アーメン、アーメン」って言ったのは。

それで、本郷の中央会堂の高いはしご段をおりて本郷通りに出ようとする角に、今は青い郵便箱と赤い郵便箱があるけど、その昔は四角い黒いポストが立っていた。それが幸か不幸か、ちょうど私のでこちんぐらいの高さなの。こっちは夢中だ。とにかく日本のキリストが言ったんだからと、「アーメン、アーメン、アーメン、アーメン」と言っているうちに、ばーんとポストにぶつかって、嫌というほどでこちんを打った。それからもう金輪際、「アーメン」って言わないことにした(笑)。

そしたら、後で海老名さんが私の父にこう言ったって。「信仰の薄い者は不真面目でいかん。神様の罰が当たった」。「アーメンと言え」と言われても言わずに、郵便箱に突き当たってこぶこしらえたんなら、神様の罰とも言えよう。とにもかくにも、神の僕《しもべ》になりたいという気持ちで「アーメン、アーメン」と言っている者に、何でそんな罰をくれるんだ、「天のお父っつぁんは無情だ」と、そのとき思っちゃった、私は。

それでもまだ多少の未練はあったんで、日曜のたびに行っていたんですが、どうも、西洋人の言うことや日本の牧師の言うことが私の常識や理智にぴったり来ない。で、質問すると「今にわかる。信仰の浅いうちにいろいろそういうことを言っちゃいけない」って言うんですね。

そのうちに父が、王子の飛鳥山の渋沢栄一さんの屋敷の隣に家を持ったので、本郷の中央会堂に行かなくなっちゃったんです。それまでは本郷の森川町にいたんですが。それで、王子に教会はないかいなと思ったら、メソジスト・エキスコパルがあったんで、これに行きだしたんです。母も行ったほうがいいだろうと言うから。それで、ある日のこと、駒込の追分で向こうから松本という中央会堂の牧師さんがやってきた。

「おう、中村さんの若さん、どこまで？」

「学校の今帰りです」

「このごろちっとも会堂においでになりませんな」

「家を引っ越したんでございます」

「だけど、ご信仰は緩めちゃいかんな。やっぱり日曜日のたびには、おいでにならんと」

「いえ、信仰は緩んでません」

「だって、おいでにならない」

「いえ、私、教会に行ってます」

「見えませんな」

「いえいえ、王子の教会に行っています」

「王子の教会？　王子には中央会堂の派出所はないはずですよ。中央会堂は本郷だけです」

「いえ、あそこのメソジストに行ってます」

「とんでもない。キリスト教は日本キリスト教に限ります。そんなところに行っちゃいけませ
ん」

そのときに私は、「何だこいつら。キリスト教を信じてりゃ、どこに行ったっていいだろう」と思った。それを中央会堂じゃなきゃいけない、日本キリスト教会じゃなきゃいけないと言われて、それから一遍にぱーんとやめちゃった。そんなキリスト教があるかい。

方法を示せない世界の学者たち

それで、つくづく日本で道を求めたって見つからないということがわかった。仕方ないからアメリカに行ったわけなんです。また物好きにアメリカに行ったのが、すでに大きな間違いだったのだけれども、雑誌の広告にだまされたんです。『レビュー』という雑誌の広告に、モーション・モーティブというニューヨークで教えている健康法、これがすばらしいんだと書いてあったんです。「おそらく世界最初の発見であろう」なんてことが書いてある。行って習ったら、愚にもつかないんで驚いちゃったけれども。どこも広告というやつは誇大な宣伝をするもんだと思ったよ。

それで、やむなくヨーロッパに行ったと、こういうわけなんです。だけど、どこでも誰も私の求めるところのものを与えてくれなかった。何のことはない、わけないことだと思ったがとんでもない、これはなかなかもって、ちょっとやそっとの研究じゃ得られない事柄なのです、弱くなった心を強くするということは。

私が一番先に求めた動機は、結局、この神経反射の調節ですね、今言えば。感覚があって生きている人間である以上、丈夫なときにだって、熱や胸苦しさを感じたことがあったに違いないのに、そのときにはちっとも気にしなかった。それが今度はわずかなことも気にするようになったのは、結局心が弱ってきたからだ。それをもとのように、要らないものは感じないような人間になることはわけないと思ったが、わけないどころじゃない、これを世界に求めて、誰も教えてくれる者がなかったのであります。

こう言うと、今の若い人は「それは四十年も五十年も前の話だろう。今はあるだろう」って思うかもしれないが、今でもありません。おとといも申し上げたとおり、ロックフェラーがいまだに私に来い来いと言っているのが、その第一の証拠（一一八頁参照）。第二は、近来、一番精神文化に力を注いでいるのはアメリカですが、アメリカで出ているベストセラーの本を片っ端から買って読んでごらん。愚にもつかないことばかり書いてあるから。

「起きたらすぐきょう一日の幸福を祈り、ひたすらにきょうの人生に栄光あれと神にすがれ」なんて、愚にもつかないことを書いてあるのです。食うに困らず、生活に何の障害も感じない人間なら、これを読んでなるほどなと思うだろうけど、米びつに米はないは、電気は料金払わないから止まっている、ガスなんか敷けようはずもない、寒空に着がえもないというような人間にそんなことを言ったって、「何をぬかしやがるんだい、そんなことしてる間に一切れのパンをくれ」って言うがな、そうでしょう。

このごろのアメリカで出てる本は大同小異、みんなそんなもんだよ。「きょう一日だけでいいから、きょうの人生を楽しみましょう」って、楽しめることがあれば楽しむだろうけれども、苦しいことがあれば人間どうして楽しめるんだ、それはちっとも教えてないんだ。それで、理屈を言ってやがる。「きょう一日だけならどんなこともできるだろう」って。書いてるやつは、何でも好きなこと書けるもん。そんな本ばかりですぜ。本屋に行けば日本語に訳した本がいくらもあるから買って読んでごらん。

またこのごろ何か新しいのが出ているけれども、今年の春までは一年三百六十五日をどうして生きればいいかということを書いた本が出ていたね。一つ一つ読んでたら、いつの間にか吹き出しちゃったよ。こんなことをアメリカのやつは言って喜んでるのかと思って。それじゃあ、ああいうベストセラーが月々に出ているから、アメリカにノイローゼになっている人間がないかというと、アメリカにはうんといるんですってね。もっとも、アメリカびいきの人に「そんなに多くノイローゼができるから、そういう本をつくろうと思ってるんだ」と言われれば、それまでだけれども。

だから、私自身は、最初、簡単にこのぐらいのことは教えてくれる人があるだろうと思って、これを求める気持ちになった。それが、日本ではもちろん、アメリカにもなきゃヨーロッパにもない。英国のロンドンにH・アデントン・ブリュースという人がいまして、この人が一番具体的なそういうことを教えるヨーロッパでの第一人者だというんで、この人にも会って聞いたんです。

この人から教わったのは、「心配事や恐ろしいことや腹の立つことがあったら、忘れちまいな、考えるからいけないんだ。忘れるのが一番だ」ということです。他人事《ひとごと》とはいえ、えらいまた安直なものの言いようもあるもんだと思ったよ。忘れられれば誰も苦労しやしない、そうだろう。忘れようと思っても忘れられないので苦労するんです。たまりかねて私は、講習の翌日、これだけは聞いてみようと思って、会いに行きました。別にけんかに行ったわけではないんです。

「ただ今、私、肺を患っておりまして、始終やるせなく、熱、頭痛、虚脱感、いろいろ数えきれない苦しみを絶え間なく感じておりますが、こういう実際的なものを忘れるのにはどうすればいいでしょう」

「そんなことを言ってるから忘れられないんだ」

「けれども、現在も感じてるの……」

「まだ言ってる、あんたは。ひたすらに正しき道を行なおうと思う者は、正しからざるものを行なわざるにしかず。忘れられないと言っていたら、いつまでたっても忘れられない。忘れようと努めなさい」

「でも……」

「でも何もありません。そのほかにナッシング。何にも言う必要ない。私の教えはそれだ」

そう言って、スーッと行っちまいました。けんかにもならない、こんなの。私もそういう教え方で済むんなら楽だがな。現代人にそんな教え方していたら、こういう仕事、四十年はおろか、二年も続きはしない。きわめて打算的で自己本位な気持ちを持っている日本人にそんなこと言ったからって、わかろう道理がないんであります。

それで最後に私が世界一の哲学者のドリーシュに会ったとき、ドリーシュはきわめて穏やかにこう言った。本当の学者だ、あの人は。

「それはわかっていない問題だよ。みんなわかろうとして一所懸命研究しているのだろうけれども、まだ千古《せんこ》の謎になっている。しかし断念しちゃだめだ。あんたが先に探し出しても私が先に探し出しても、探し出した者の幸福より、それを教わる者の幸福がはかり得ない無限大だとしたらば、これは努力しましょうよ」

私は、この人なら何でも人生のことは知っているだろうとの大きな期待を持って会いに行ったのに、結局、失望させられたんです。それと同時に、ふっと私の中にある考えがひらめいた。「真理というものは人々によって受け入れ方が違うんだ。したがって、どんなに優れた学者であろうと識者であろうと、経験の違う者に道を聞いて自分が何ものかを得ようとすることは、自分の気持ちの中に非常に狡猾《こうかつ》なものがある。もっと苦しんで探すことにのみ一心になろう。そして、探せなきゃ、それはおれに運がないんだ。道は人に求むべからずか」と。

救いの手に導かれてインドへ

私は西暦一九〇九年の春まだ浅い三月に、大きな望みを持って日本を発ち、越えて二年、足かけ三年、西暦一九一一年の五月、心に何の希望もない魂の脱け殻みたいになって、マルセイユを発ったのであります。しかし、二週間の後にはある光を見出し得る大きな運命を与えられることになったのです。

この地中海の二週間の旅の間、私は死んだも同然でした。何も見る気になれなければ、食べる気にもなれない。食事だって日に一遍食えばいいほう。三日も食わないときがある。食う気になりゃしませんよ、これから死にに帰る旅なんだから。この船はペナンまで行く、ペナンで乗りかえて上海に行って、上海から日本に帰るまでおれの命はもつかしら、そんなことばっかり考えていると、何も見る気にならなきゃ聞く気にもならない。

途中でフィリピン人の罐焚《かまた》きと、同じ東洋人だっていうので仲よくなったんだけど、そいつが「おい、フカ（サメ）が泳いでるぞ、有名なフカだ、見てみろよ」とか「アフリカのヤシの木が見えだした。何とも言えない景色だ、出て来いよ」とか、例のイタリーの活火山が火を噴いているのが見えてくると、「これは死ぬまで二度と見られない光景だ、来いよ」とか、いろいろ言うんだけれども、出る気にならないんです。死にに行く者の目に何を見たって何になるんだと。

しかし、とうとうある救いの手に私が引っ張り上げられるチャンスが来たわけです。それは思いもかけないことです。スエズ運河でイタリーの軍艦が座礁したという理由で、私たちの乗った貨物船が五日間の航海禁止を命じられて、アレキサンドリアに錨を入れたのが幸いだったんだな。客船だとポートサイドに入ることになったんだけど、荷船はアレキサンドリアに入って、これから五日間、軍艦の引き揚げが済むまではここを出ちゃいけないと命じられた。そのときに例のフィリピン人が「おい、絵で見たピラミッド、大した日にちはかからない。ラクダの背中に乗っかれば一日でカイロに行けるんだ。行こうよ」と言うんです。

それもそうかいなと思って行く気になったところに、いまだに運命の不思議を感じる。宇宙の根本主体が、私を救ってやろう、殺すまいというおぼしめしがあったんだろうと思って。クリスチャンに言わせると「ほら、そこに神様のお慈悲が」ときっと言う。それで、仏教のほうにいくと「如来様のお慈悲でござる」と言う。とにかく、甲板に出るのも嫌な私は、「何だ、エジプトの酋長の墓なんか見たってしようがなかろう」と思いそうなものだが、だぶんだぶん進行しない船の中でもって波に揺られていたって曲《きよく》もない（つまらない）という気持ちになったんです。

それで、ピラミッドを見に行く前に、カイロの宿屋で救われちゃったんです、朝大きな喀血したのがもとで。そのときの話はいずれ折があったらします、きょうは時間がありませんから（編集部註：天風はカイロのホテルでヨガの聖者カリアッパ師に邂逅《かいこう》する。ともにヒマラヤ山脈第三の峰カンチェンジュンガの麓にある村に行き、約三年のヨガ修行に入る）。

その次にインドに行った。もちろんインドにはあんな立派な哲学があるなんてことも知りません。第一、私が行ったのがインドだと思いやしないんだもの。どこへ連れていかれるんだか私は聞きもしなかった。

それも後で褒められたんです。「『おれにくっついてこい（You had better follow me.）』とおまえに言ったときに、おまえは『承知しました（Certainly.）』とすぐ言ったろう。普通の人間なら、『私たちはどこへ行くんでしょう（Where is our destination?）』って聞く」って言うんだよ。私は「どこがわれわれの目的地だ?」と聞かない。捨て身になっている人間です。ただ人生意気に感ず。「おまえは、まだ死なない運命の持ち主だということはおれにはわかる。おまえは立派に自分で自分を救い得る人間だ。おれについてこい」こう言われたんですから。

痩《や》せさらばえた私の姿を見たら、親兄弟だってそばに寄りつかないでしょう。そんな死に瀕している重病人を連れて行く気になることからして、すでにそれはもう並大抵の決心じゃないんですよ。「おれについてこい」と言うんですから。その心意気に私は感じたんですよ。「救われても救われなくても、そんなことはどうでもいいや。どこに行ったって死んじまう体なら、救ってやろうという、あの人のよい気持ちに、たとえ瞬間でも自分の魂を浸すことは愚かなことじゃない」と、こう思っただけなんです。

そうして行って、そこにこの神経反射の調節法があるなんていうことは夢にも思わなかった。まことインドは神秘の国といわれているが、五千三百年の長い歴史を伝えているヨガの哲学者の中には、現在の科学的理智では考えもつかないような不思議な事実を行ない得る人間がいくらもいるのであります。

生き方のすべてが現代の人間の生き方とは違っています。また、すべて違って生きられるような環境も幸いしているのでしょう。そして、今申し上げたような、ヨーロッパにもアメリカにもなかった神経反射の調節を成し得る方法がインドにあった。それを私は今夜、あなた方に教えたい。

ヨガ哲学の目的と方法

これから教える方法は、やるにしたがい、行なうにしたがい、瞬間刹那、神経反射の調節をしてくれる効果がありますよ。驚いたとき、腹が立ったとき、恐れを感じたとき、憎しみや妬《ねた》みを感じたとき、いえいえ、すべての感覚や感情のショック・衝動を受けるたびに、心に正しい受け入れ方をさせることができるという尊い実績を上げてくれる方法であります。

ただし、インドではそういう小さな目的でこの方法が説かれているのではないのです。インドのヨガ哲学の目的は、人間というものを、この世をつくった造物主と同じ能力に近づけようということです。つまり、科学的な言葉を使えば、お互いの持つ生命のすべての力をもっと向上せしめようということです。

その目的のためにやらせることとは、一方は学問の研究、いわゆるヨガ哲学の理論研究です。いま一方は、難行苦行をさせて、それで肉体の生きる力を第一義的な積極的なものにすることです。肉体と精神、両方の生命を正しく向上せしめることによって、人間の生命の中の一切の力を正しく向上させることができるんだと、こういう結論の上に立って難行苦行を必ずさせます。

難行苦行をするのに普通の体を持っていちゃできません。一日だってできやしない。それで難行苦行のできる体をまずつくっておかなきゃならない。その難行苦行のできる体をつくるために、この特別な方法、名は「クンバハカ」といって、日本語に訳すと「最も神聖なる状態」という意味ですが、これをやらせるんです。それが神経反射の調節を完全に刹那にしてくれるのであります。

何しろこの方法の目的が、肉体の中に霊気を充満せしめて、肉体のすべての苦痛やその他のことに対する力をつくろうとすることですから、現代の科学的な言葉で言えば、このクンバハカ密法を行なうと、自然と宇宙根本主体の持つエネルギーであるブリルの収受量が増えてくる。収受量が増えることによって、人間の肉体生命はもちろん精神生命も驚くべき強さを増してきて、それ自身の持つ本来の力が遺憾なく発揮できるという結果が来るのであります。

ただし、この方法のみならず、インドにおけるすべての教えは、方法以外の理論といえども、絶対にわかる言葉で教えないのです。わかる態度でも教えない。わかる文字でも教えない。じゃあ、どうして甲から乙に、乙から丙へとそれが伝わっていくんだというと、それはただ心から心へ伝えるだけ。

だから、ことごとく教えを覚えるかといえば、覚えやしません。悟る力のないやつはみんな置いてきぼりを食っちまう。そのかわり、悟る力のある者はぐんぐん宇宙真理を悟っていくから、その偉さも非常にほかの者と隔たりをつくってしまいますが、ただ、極端にエゴイスティック（利己的）な国でありますから、おのれが悟っておのれが喜ぶだけで、決して自分の悟りの喜びを人に伝えないのであります。

もしも、あのインドのヨガの哲学者が、私の半分でもいい、アルトルイスティック（利他的）な気持ちを持っているならば、今から何千年も前にすでに世界はインドの支配下になっていたんじゃなかろうかと思われる。ところが、これも幸か不幸か、あのエゴイスティックな民族は、自己の喜び、自己の幸福を人に分かとうとしないのであります。分かてば神の罰をこうむると思っているのです。与えられた者だけがこれを知り得る資格を神によって与えられているのだと、開基の梵天《ぼんてん》が言っております。それでインドのことを梵天国というのです。

よく考えてみると、これは天にましますわれらのお父っつぁんと同じ意味だ。梵天をただ片方じゃゴッドといい、坊さんが如来様といい、高天原《たかまがはら》のほうじゃ天御中主尊《あめのみなかぬしのみこと》といい、ヨガの哲学じゃ梵天と、こういっている。

とにかく、そういうようなやり方ですから、私も教わったんじゃないんです、悟ったんです。ただ、悟りに対してある手引きはしてくれますよ。手引きはいつも隠語でするのです、隠し言葉で。ですから、早合点している人は、ヨガの哲学でもってこの方法が組み立てられているなんていうと、「ははあ、インドでいろいろな方法を教わってきたな」と、こう思うんです。とんでもない、教えてくれますものか。あなた方なら私より余計悟ってお帰りになるかもしれないが、悟る力がなきゃあ、行ったってただ毎日を無駄に過ごすだけだ。

それから、私があなた方に教えているこの心身統一法は、ヨガの哲学を基礎としてつくったんじゃありません。ヨガの哲学の中の理解がこの組立の中にある程度の交渉を持っているというだけなのです。心身統一法はすべて現代の理智階級にわかりいいように、科学的組織になっているでしょう。

　インドにいる間に私の悟り得た事柄は十ありませんよ。このあいだも自分で考えてみて、現実には九つだと思った。生命とは何だ、人間とは何だ、人間の持つ生命の力の範囲は、というようなことを考えさせられるだけなんです。それを山の中に入って座禅組んでからに、誰にも教わることもできやしない、ただ一人でもって一所懸命考える。正当な答えを言わないと引っぱたかれるだけなんです。正当な答えを言えば、褒められもしない、「よし、じゃ次の問題」って、こうなるだけなんだ。

　なかには半年も一年もかかって考えついたことを言って、これは褒められるだろうと思うと、ただ、にこっと笑って「よし、じゃあ次」。たわいないぜ。それで、間違ったこと言えば、いきなり引っぱたかれるんだから。それで、「うん、よし、次」と言われただけのものが現実には九つあるっきりなんだ。

息の合間合間に尻肩腹三位一体

いろいろな方法は私が自力で組み立てたんだ。ただ、これから教える神経反射の調節に該当するクンバハカ密法だけは、インドにあったのを私が一年七カ月かかって悟ったんだ。そうすると、「ボンクラだね、天風とやら、どんな方法かまだ聞かないからわからないけれども、簡単に教えられる方法を一年七カ月もかかったんだ。対しておれたちは偉いんだな、四日目に聞いてら」なんて思うかもしれないが、それは教わってるんじゃないか、あなた方。あなた方にこれを考えさせたら、一年四年は言うも愚かなり、一生、二生、三生、五生やったってだめだと思う（笑）。

この悟りを開くために与えられるところのヒントを、先にお耳に入れておこう。クンバハカ密法の第一ヒント、クイズみたいだけれども。「息の合間合間にひょいと体を水を入れた徳利のようにして、したと同時に瞬間息を止めろ。これがクンバハカだ」というんですよ。わかるかい、これで。

今、アメリカに二千幾つのヨガの学校ができている。本場のインド人が行なってこれを教えている。やっぱり、インド人が教えるんだから、私がここであなた方に教えるような教え方はしないの。悟れ、悟れです。それから先はご自分で悟りなさいと。クンバハカについても、こう言っているの。

"Stop in a breath. Holding the body just the water bottle internally and externally. Which is called as Kumvaphacca."

「息の出し入れの合間合間に息を止めろ」ということは、これはわかりますよね。さて、わからないのが、「水を入れた徳利のように体をたもて」ということなんだ。これが一年七カ月かかったんだよ、私。わかった、新しい人？　水を入れた徳利を目の前に置いてからに、夜も寝ずに見てたってわかりゃしないぜ、これは。隠語だもの。

結果は、まさに水を入れた徳利のようになる。どっちからプレッシャーを与えても、水を入れた徳利のように不平均な圧力を受けるところがないという状態になる。それを私が一年七カ月かかって悟ったのは、非常に早いんだって。喜ばせるために師匠が言ったこととは思うけれども。

「今まで何千人弟子を導いたが、いまだにクンバハカを悟れずにうろうろしている者もずいぶんいるのに、やっぱり、おれがカイロで会ったときにこの人はものになると思った自分の考えに外れはなかった。おそらく私が死ぬまでに持つ弟子の中で、このクンバハカを一年七カ月というショートタイムでもって正しく悟った者、悟れる者はおまえ一人だろう」

おだてても十分あるとは思うけれども、非常に喜んじゃった、私は。だから、二度と会うことはできないかもしれないけれども、もしも今後私がカリアッパ先生に会ったら、こう言っておこうと思う。

「私は一年七カ月でお褒めにあずかりましたけれども、私の何十万の弟子どもはすでにみんな四日目で……」

「悟ったか?」

「いいえ、教えてやりました」

「当たり前だ」と言うかもしれない(笑)。

なに、聞いてしまえば簡単なことなのです。その簡単なことが悟れないいんです。

さて、"holding the body just the water bottle"「水を入れた徳利のように」とはどうすることかといえば、何のことはないいんですよ。第一に肛門をキュッと締めるんだ。それと同時に肩をできるだけ緩める。そして、臍下丹田《せいかたんでん》、おへその周りのお腹のこと、これにグッと力を込める。その瞬間息を止める。それを息の出し入れにやりゃあいい。吸って止めて出して止めて、吸って止めて出して止める。その止めてる瞬間の状態が、"Which is called as Kumvaphacca."。

お尻の穴を締めてからに、肩を緩めて、丹田に力を入れておきさえすれば、水を入れた徳利のようになっているわけなんだ。どこから圧を加えても同じことになるのです。

いい方法を教わったたな。さあ、腹が立つことがあったり、おっかないことがあったり、悲しいことがあったり、心配があったり、煩悶《はんもん》があったり、悩みがあったり、あるいはまた人を憎んだり、妬《ねた》んだり、嫉《そね》んだりするような気持ちが起こったときは、何をおいてもとりあえず、まず尻の穴を締めろ。

尻の穴を締めることを一番先に習慣づけなきゃだめよ。見えないところだから開けっ放しにしておいてもいいと思うかもしれないけれども、これは開けっ放しておくべきところじゃないもの。だから、自然と造物主は括約筋を与えて、普段、用のないときはできるだけ締めるようにしてあるんだ。それをいいことにしてからに、括約筋だけにお任せしていると、だんだん緩んじまう。生理要求のあるとき以外には、これは開けるべきものじゃない。

尻の穴の締まっているやつと締まらないやつは、一目見りゃすぐわかる。そう言ったからって急に締めなくたっていい（笑）。どんなに偉そうなことを言っているやつでも、尻の穴の締まってない人間っていうのは、目から出る光が違うんです、オーラが。猛獣毒蛇ならすぐ飛びかかるわ、そういう人に。

人間が、腹が立つとか悲しいとか、あるいは恐れるとかいった感情表現をするときには、このオーラがずっと減っちまうのよ。感情がエキサイトすればエキサイトするほど、人間の生命の炎はずっと下火になる。恐ろしいものなんだけれども、それを知らないんだよ。知らないからでもあるわけだけれども、これは腹立たずにいられるか、これを悲しまずにいられるかって、てめえでもって理屈つけたって、造物主はその理屈に同情しやしねえ。何をおいてもとりあえず尻を締める稽古をすれば、習いは習慣、第二の天性、間もなくいつでもお尻が締まるようになる。

なかには、一所懸命心がけていても、気がついたらお尻が緩んでいるという人がある。それでもいいじゃないか、締めないよりは。気がついたらすぐまた締めればいいじゃないか。いきなり「締める練習をしなさい」「はい」ってやって三日目にもう締まっちゃったなんてやついやしないよ。私のように一所懸命になっても、いつ何どき顧みても尻の穴が締まっている状況に到達するまでに十五年かかったよ。だから、あなた方だって三年ぐらいかかるよ。

「天風が十五年、それなら遠慮しておれは二十年」て、どうでもいいわ。とにかく、気がついたら締めてりゃいいじゃないか。気がついたら締めるということが、第二の天性をつくる秘訣なんだ。普段、何事もないときでもお尻の穴を締める習慣をつける。何でもなくても気がついたら締めなさいよ。

そして、いざ鎌倉、腹が立つとか恐ろしいとか悲しいとかいった感情刺激やショックが来たら、あるいはまた痛いとかかゆいとかの感覚刺激が来たら、そのときは大体が尻が締められているんだからわけないよ。肩をできるだけ緩めて、腹にグッと力を入れて、瞬間息止めりゃあいいんだ。

長く止めてると死んじまうよ、そのままあの世に行きにけり。瞬間止めといちゃまた息を吸い込んで、またキュッとその状態になることを二、三遍繰り返していると、慣れてくるっていうと、それでもって感情の襲撃は向こうのほうから手を緩めてしまう。また、二、三遍できなきゃ、何遍でもやってりゃいいじゃないか、どうせ息してるんだもの。息止めてやってろといったら、これは難しくてできやしないけれども、吸っちゃあ、今言ったとおり尻肩腹三位一体、出しちゃ尻肩腹三位一体と、刹那刹那にやってさえいればそれでいいんです。

これがクンバハカの方法よ。毎回私は同じ説明しているのに、何十年も来ていてからに、このあいだも京都で「今まで知らんどしたえ。何でも朝から晩までおいど締めて、肩落として、お腹に力入れているのかと思って、これはしんどいわと思ったのが、それならわけないわ」って言われたの。私はわけないように教えてるんだよ。それを自分が聞き間違いしてるんじゃないか。「水を入れた徳利のように」だけに重点を置いて、「息の合間合間に」ってことは忘れちゃってるんだよ。「実に聡明なるかな、あなた方の頭脳よ」と言いたい。

忘れなさんなよ。しょっちゅう尻の穴を締める習慣をつけといて、いざ、さらばのときに、いいか、肩を落として、お腹に力を入れて、クッと息を止めるんだよ。そして、そのまま、息の合間合間、引く息にキュッ、出す息にキュッ、そんなことを二、三遍やってりゃ、慣れてしまえばもう大抵の感情や感覚の衝動刺激というものはスーッと緩和できます。

最初からそうはいかないよ。十遍も二十遍もしなきゃならないかもしれないけれども、したっていいじゃないか、別に何もやるたびにくたびれるわけでもなきゃ、やるたびに税金払う必要があるもんでもないんだから。どうせ息してるんだから、息の合間合間にやるぐらいのことは、少しの注意でできるだろう。まあ、やってごらんよ。

クンバハカからプラナヤマへ

何のことがなくても、時々はそういう工夫を実行に移してごらん。そして、実行に移すときに注意深く、息を少し長く深く穏やかにするということをやるっていうと、それで今度はさらにクンバハカ応用のプラナヤマ、活力の吸収という尊い方法が行なえることになる。そして、それが十五年、二十年経って私のようになると、朝起きてから晩寝るまで、寝床の中でひょいと目が覚めてもプラナヤマをしょっちゅうやってます。

私の呼吸はもうプラナヤマ以外の呼吸じゃないんです。なぜかというと、私の体の持ち方は、始終肛門は締まってますし、どんな場合があっても肩を上ずらせません。それで、丹田にしょっちゅう力がこもってますから、今さら改めて何のクンバハカの用意をする必要もないほどクンバハカで私の体はコンプリートされています。そして、息も始終長く深く穏やかにする習慣がもう五十年間続いているんですもの、これが私の平常の息ですよ。

息をしている状態は同じことなもんだから、あなた方も私も同じ息をしてると思ってるんだ。もちろん、私は別にへそで息してるわけじゃないから、見かけは同じように見えるでしょうけれども、息をするときの体の持ち方と同時に、やり方の上で非常に相違があるでしょう。だけれども、あんた方だってまねすりゃあすぐできるんだ。

最初から一時にすべてをやろうと思うと非常に大きな計画になるから、何はさておき一所懸命にやりたいことは、いつも肛門を締める気分を忘れないこと。締める気分を忘れないということは、気がついたら締めてればいいんだよ。最初の間は、気がついたら開いてますからね。そしたら、「こりゃ、いけねえ」なんて思う必要ないから、気がつくたびにお尻の穴を締める。

そして今度は、もう朝から晩まで、日に何十遍、何百遍となく感情のとりこになりかけるから、そのときにはフッと肩を落として、グッと腹に力を入れる。その気分の静まるまで、出す息と引く息の間でもってこのクンバハカ体勢をとる。これは何遍もチャンスがあるから、これを訓練する。

くたびれも何もしやしない。不思議なんですよ、人間の体は。こぶしに力を入れたり、膝頭に力を入れたりすりゃ、すぐくたびれちまう。だけど、肛門だけはいくら締めてても、ここが凝ったってことはないんでありますす（笑）。これは特別な筋肉なんだから。

「どないしたんや、ぼんやりして。どっか具合悪いのか」

「うん。尻の筋が凝った」

そんなのはないよ（笑）。尻の穴と腹だけはいくら力を入れても決してくたびれもしなけりゃ、疲れもしない。まして況《いわん》や、事のあるたびに、息の出し入れの合間合間にそういう体つきになっていて何でくたびれる？　むしろ呼吸のセクションができて、肺臓それ自身も呼吸から受ける刺激が非常に少ないんであります。

ですから、今教えたクンバハカの実行に勤《いそ》しむと同時にもう一つ、活力の吸収法＝プラナヤマを、税金も何もかからないから、一所懸命おやり。私は講演しながらでもプラナヤマやりながら、時々もう一つ大きいプラナヤマをやってるでしょう。現在、何かあなた方に言いながらもプラナヤマでやってるんだが、さらに、ある事柄をしっかりつかんでいただこうがために、しばらく、瞬間、あなた方に受け取ったことを考えさせる暇を与えているときに、じっとあるところを見ながら黙っている間、私、やっぱり息してるんですよ。縷々《るる》綿々《めんめん》とおだまきの糸を繰るがごとく、心静かにプラナヤマ法をやっている。

だから、私の話を何時間聞いていても、あなた方はくたびれやしない。私以外の人の話は、どんな雄弁家が話してもあなた方を休ませないもの。とっとっとっとっと、とっとっとっと、とっとっと、とっとっとっとっと、スピードの緩急がちっともない、やけのやんぱちに回すようなフィルムを見せられるのと同じような講演のしぶりだと、あなた方はすぐくたびれちまうんだよ。ところが私は、あなた方を休ませるし、私も「求めよ、さらば与えられん」という造物主の授けくださる空気を、五臓六腑はもちろん、四肢末端に至るまでグッと吸い込んでいるから、いつまでたっても疲れを感じないというわけなんです。

こんなに噛んで含めるように易しく教わって、なおかつ、できないという人があったら、それはできないんじゃない、しないんだぜ。しようと思ったらこの世の中にできないことは一つもない。

「為《な》せば成る　為さねば成らぬ　何事も　成らぬは人の　為さぬなりけり」（上杉鷹山）です。

今までの生活で実行していなかったことであるから、非常にトラブルを感ずるように思うかもしれないけれども、これは生活に必要な仕事である呼吸をする合間合間にできる方法です。また、呼吸を止めちゃってからに、永久にこれをしてろっていうのでもありません。だから、何事でも自己を現在よりもプラスの状態に進歩せしめようと思うならば、その方法をただ無条件で受け入れて、無邪気に実行しなさい。よろしいか。

第六章

心の使い方

——何ものにもとらわれず集中する

〈補足解説〉

本章の録音テープ冒頭部分が再生不能のため、導入として簡単に補足解説をいたします。

＊　　＊

幸福な人生を実現するためには、生命の力を充実させなければなりません。この「人生建設に必要な生命の力」とはどんなものでしょうか。それには、次の六つの力が豊富でなければなりません。六つの力とは体力、胆力、判断力、断行力、精力、能力です。現在、病、煩悶《はんもん》、貧困などに苦しんでいる人は、六つの力のどれかの内容量が不足しているためなのです。この六つの力を豊富にする方法を説く教えが心身統一法です。

さて、その六つの力を充実させるためには、まず、感応性能を強化しなければなりません。そのためには、観念要素《かんねんようそ》を更改《こうかい》し、積極観念を養成し、神経反射の調節を熱心に実行しなければなりません。これらが天風教義における「心の持ち方」です。

次に、私たちはこうして積極化された心を正しく使わなければなりません。本章の講演では、「心の使い方」について説明されています。

心の使い方の原則は精神統一です。わかりやすく言えば、心を使うとき、分裂することなく、集中された状態でなければなりません。精神が統一されると、精神生命の可能性が無限大に向上するのです。そして、精神を統一するのに必要なことは、常に意識を明瞭にして物事に接すること、わかりやすく言えば、いつもはっきりした気持ちで物事に接するということです。

何事にも気を打ち込んで応接する

何をするにでも、はっきりした気持ち、心持ちでやろうという心がけを実行に移すと、いつとはなしに、どんな事情があっても心が曇らなくなるのです。ピンぼけが来なくなる。するとその結果、これは当然の到着点ですが、この精神生命の可能率が非常に増進していくから、めざましく変わったと直感的にわかることは、物覚えがばかによくなること、言い換えれば記憶力が非常に優秀になることです。

だから、物覚えの悪いやつは、結局、心を使うときに意識を明瞭にするということがおろそかになっているんだよ。時々、物覚えの悪いのを自慢にしているやつがあるね、「私は覚えが悪いのですから、そこのところをもう二、三遍やってください」なんてね。覚えが悪いということを平気で言うやつは、「私は少しばかですから、よろしくお願いします」と言っているのと同じことになっちまいやしないかい。

妙なことに、物覚えの悪い人間に限って、せっかく覚えたことを忘れちまうんだね、忘れっぽい。かと思うと、覚えはばかにいいのだけど、すぐに忘れちまう人もいる。普通の人間の中に、こういう人はちょいちょいいますよ。もうすぐ覚えてすぐ忘れちまう。それなら覚えなければいいんだ。いくら習っても覚えられない人間と、ちょいと覚えてすぐ忘れちまう人間と、結果は同じことだ。決して理想じゃないけれども、覚えるのに非常に手間がかかっても、いったん覚えたら忘れないほうが、まだいくらかいいわね。

けど、本当の理想は、何も手間をかけないで、見たり聞いたりしたことを直感的にすぐ受け入れて、それが永久の記憶になることです。でなければ、何のためにこの優秀な心を与えられたかわからないってことになるでしょう。だから常にはっきりした気持ち、心持ちで諸事万事に応接するということを、心を使うときに何より必要な根本条件として忘れちゃいけないのですよ。

では、そもそもはっきりした気持ちというのは、どんな気持ちなのか。わかりやすく言うと、心が何ものにもとらわれていないときの気持ちが、はっきりした気持ちなの。何かにとらわれていたら、はっきりしてないのだ。たとえば、こういうところへ来て、こういう話を聞きながら、「あ、きょう玄関の鍵をかけてきたかしら」なんてことを考える。そうなるてえと、気持ちがそのほうにとらわれます。そうじゃなくて、何ものにもとらわれていない気持ちが、はっきりした気持ち。

ものすごくわかりやすく言えば、いささかも雑念、妄念がない気持ちがはっきりした気持ちなんだよ。この雑念、妄念のない、とらわれのない気持ちがはっきりした気持ちなら、それをしっかりそのままにしておくにはどうすればいいかというと、そこまで教えてあげるよ。何をするにでも、よろしいか、気を打ち込んでやる習慣をつけなさい。うかつにものをしないように習慣づけるんです。

私はどんなところに行っても、一遍行ったらその場所を覚えています。一遍パッと会ったら、この人はどこそこで会ったということを知ってますよ。軍事探偵ですもの。細心の注意を払っているかというと、そうじゃないんです。細心の注意がなくても、はっきりした意識でもって覚えられるんです。だけどあなた方は、「たしかこの辺だったぜ。そうじゃねえかな、一つ道を間違えたかな」なんて言って、外をクルクル回っている。

何をするときもパッパッと気を打ち込んでやるとね、これはもう意識を明瞭にする、すなわち、とらわれから離れて、はっきりした気持ちになる。これが最上の手段です。これ以外に手段はない。

気が打ち込まれるでしょう、すると気が散るということがなくなるのだよ。気が散るというのは、打ち込まれてないから散るのです。気が散ったために打ち込まれないんじゃなくて、打ち込まれないから気が散るの。原因と結果を間違えちゃったらだめだぜ。だから、はっきりした気持ちが長く持ちこたえられるようにしようと思ったらば、気の打ち込みをおろそかにしないこと。

ところが人は、非常に大事なことや面白いこと、別に急ぎ仕事でもないようなときや初めてする仕事のときには、相当気を打ち込むけれども、心急ぐときや面白みのないとき、値打ちのないことや馴れ切った仕事だと、気を打ち込まないで、うかつな気分でやる恐れがある。

気が散るということぐらい、心の働きを鈍らせるものはないのですよ。なぜかと言うと、気が散れば心のまとまりがなくなっちまう。心のまとまりがなければ、その結果、心の力がずっと減っちまうからなんだ。

たとえば、心の中に百の力があるとするでしょう。このまま気が散らずにいれば、そのままあるんだ、心の中に。あなた方ともなるってえと、十は食い物に、十はお金に、十は恋に、十は心配に、十は健康に、十は煩悶に、といった具合に気を散らしちまうんだ。すると心には四十しか残ってねえ。笑いながら、聞きながら、自分の心の中をじっと顧みなさい。今あなた方、何か思っている？ 心が一筋にこの講演とギュッと結びついているか否か、自分の心は自分でわかるだろう。

大抵の人は、どうも普段、何かしらに心が散らかっている。その証拠に、思いもかけないたくさんの仕事や、ややこしい事件にでもぶつかると、即座に頭から面食らっちまうのが大抵の人ですよ。そうなると手も足も出ないで、さながらタコが釜の中へ放っぽり込まれたように、ただもう、うろちょろうろちょろするだけ。

ところが、平素何事をするのにも気を打ち込んで、気を散らさず、気がまとまって人生に生きている人は、どんな複雑なことに出くわしても、澄み切った気持ちですべてのことを何らの醜態なく片っ端からパキパキと片づける。

この気持ちを仏教のほうじゃ「不即不離」といいます。付かず離れずということだな。付いちゃったらいけないんだよ。だけど、離れちゃってもいけない。付かず離れずのときに初めて、心がそのものをビューと自分のほうへ取り寄せたことになるんだ。そうでないってえと、心が向こうへ持って行かれちまうんですよ。

よく「忙しくて目が回りそうだ」と言う人がある。忙しくて目の回ったやつは見たことないがね。忙しくて目が回るというのは、結局、心が向こうにとらわれたときの形容だ。気が打ち込まれてなくて、気が散るってえと、倦怠《けんたい》感が出てくる、興味が薄くなっちまう。するとね、その仕事が何となく嫌で嫌でしょうがない気持ちが出てきて、もう目が回るようになっちまう。本当に喜んで仕事をしている人は、「忙しくて目が回りそう」なんて言わないですよ。

たとえば、傍《はた》からマージャンをしている人なんか見ると、皆休む間もなくポン、ポンやって忙しいだろうと思うけれど、喜んでマージャンをやってる人は、「忙しくてたまらないね、目が回りそうだ」とは言わないでしょ。

だから、常に何事、何ものに対しても気を打ち込んで応接するという心がけを実行するようにしてごらんなさい。その心がけを実行しないと、知らず知らずに不必要な雑念や、くだらない妄念や、その他のつまらない想像観念が、心の中に飛び込んで来て、意識を不明瞭にしてしまうんだ。するとその結果、精神生命の可能率を促進するのに何よりも必要な精神の統一という条件が、めちゃくちゃにされちまう。

つまり、それは観念が「集中」しないで「傾注」されちまうからなんだ。だんだんわかってきたろう話が。心の前に現れたものを、そのまま心に取り入れるのが集中。英語でいうと「concentration」だ。とらわれのあるやつが、向こうへ自分の心を持って行かれるのが傾注、これが概ねあなた方の心の使い方なの。

女の方がデパートへ行って、好ましそうな着物なんか見たときは傾注。すけべな男が女の子を見ているときも傾注。欲張りがお金を見たときも傾注。これじゃあ心に使われている状態で、心を使っている状態じゃない。

心を使っているという状態は集中なの。付かず離れずが集中の状態。何ものにも心が持って行かれていないもの。ちゃんと自分の心の中に、ものそのものを受け入れている。集中も一心の状態、傾注も一心の状態で、外観はちょっとわからないが、傾注の状態は向こうへ心を持って行かれた一心なんだ。

精神の統一が霊性を発現させる

傾注という心の使い方をしていると、ただ単に記憶力が完全に働かないとか、忘れっぽくなるとか、人生に生きる場合の過ちが多くなるとかいった事柄ばかりでなく、これは多くの人が気のつかないことですが、万物の霊長たる人間としての資格の発揮に必要な、霊性の発現というのができなくなってしまうのです。霊性の発現が完全にできる人間こそ、まさに正真正銘の真人たる資格を持つ人間で、霊性の発現してない人は形だけの人間よ。

私と非常に近しくしている人はよくご存じですが、私はどんな身分の人でも、身分が高いからって頭を下げやしない。霊性の発現している人だったら、学生にだって頭を下げますよ、「よく来たね」って。でも大臣が来ようが、皇族が来ようが、霊性の発現していないときには、私の頭、後ろに下がるんだ。自分の頭がそうしようと思わなくても、天然自然の現象だね、これは（笑）。

霊性の発現ができないと、人生に生き行くときに一寸先は闇の世の中だ。霊性の発現ができないやつは、明日、天気か雨降りか、それすらわからない。人と約束して、来るか来ないか、それもわからない。この手形を受け取っていいか悪いか、それもわからない。この競馬、どれが一体全体一等になるか、それもわからないんだ。何もかもわからない。そして、「しまった、こんなこと思いもかけなかった」って言うけど、自分が思っていなかっただけのことなのでもって、当然そうなることは、霊性が発現していればわかるはずなんだ。

私はよくいろいろなことを聞かれるんだけど、そのときに私、考えたことはないですよ。私はものを考える必要がないんです。なぜかというと、霊性の発現している者は、何も考えなくたって、即座に鏡にものを映したと同じように、刹那断定というものが心の中で働いてくれるからです。

第一、考えたってわからないことが、いくらも人生にはあるじゃないか。たとえば、今言った明日の天気の良し悪しだとか、競馬でどの馬が当たるかとか、この株はいつごろになったら値が上がるかとか、こういうことは理屈ではわかりゃしないもん。理屈で考えようとすると大抵、逆いっちまいますよ。

妊娠している女の腹を見てからに、子供は男だろうか、女だろうかと考えたって当たりゃしないよ。産婦人科の医者といえども当たらない。だけど、霊性の発現している者が見るってぇとパッとわかる。なぜわかるかってえと、人間の心がわかるのではなく、霊性が見分けるからです。だから、私なんか腹の中の子供ばかりでなく、何を相談されても、返事をしながら、自分でその返事を聞いていますよ。

「先生こういうときにどうしたらいい?」

「ああそれね、こうしろよ」

そう言いながら、「おれ、今これからどういうアンサーするかしら」と、自分のアンサーを非常に興味深く聞いているんです。そして私の声を耳で聞いて、「ほうほう、こういうときこういうことをするのか」と、他人事《ひとごと》のような気持ちで、何の不安もなく、自分の言葉をその人に聞かせているの。それが霊性が発現した者の言葉で、そこにいささかの間違いもないのであります。


私が今まであなた方に言った言葉で、間違いがあったことあるかい? この前列の端にいるそのご婦人なんか、もう十年になるか、十二、三年だね。こんな大きな腸満で来たんだよ。もう医者は見捨てちまいます。そのとき私は、こう言ったの。

「まあ気長に来てりゃあ、治っちまうから。ずいぶん余計食ったって、それだけの腹にはなれねえの、それだけ大きな腹になっているのだけでもありがたいことなんだから、来てろよ」

これがね、もしも不幸にして、高等学校に行って大学を出ている人だったら、助かりませんよ。けれど、薄生意気な屁理屈がなかったものですから、私の言うまま、無邪気に来ていて、もうこのごろは健康そのものです。ちょうどそのとき脇にね、ちょっと生意気なやつが、神戸のある有名な医者がいたのですよ。

「あれ大丈夫ですか。先生、気休めに言っているのじゃないですか」

「人の生命、気休めなんかで言わねえよ」

「どういう理由であれ、大丈夫なんですか」

そう聞かれたけど、それ、わかりゃしないの、霊性が言っているのだから。口は天風の口で言っているけれども、天風の口から出ている言葉は、天風の霊性から出ている言葉なんだから。「どういうわけで」というのを聞いちゃあ困りますよ。ただ霊性が治ると思っているから、それで「治る」と言っただけの話です。

しかし、霊性が言ったことは、私に責任があります。「先生が言ったんだから」という責任がある。私が「大丈夫だ」って言うのに死んじゃったりしたら、私は信用ゼロだろう。

そのかわり死ぬ病のときは、私は日にちまで言うものね。本人には言いませんよ、本人に言ったら一遍でだめになっちゃうから。どうしてもあらかじめ言っておかなければならない場合には、これはいつごろだめだよということを言いますし、ときによっては日にちまで言います。けど、言うと家族まで驚くような覚悟のない家族だった場合には、私は言いません。覚悟のほどができてりゃ言いますけど。そういう場合、私の霊性が言わしめているんです。

これ、理屈じゃ私お答えできない。パッと、その刹那の断定なのだから。やがて研修科のほうで、魂のフラッシュライトというお話をするときがあります。六月ごろの研修科でお耳に入れることになりゃしないか。そうすると、「ああ、なるほど、十二月に聞いた霊性発現の動機はここにあるな」とわかるでしょう。

霊性の発現は、ちょうど電気の発生と同様な約束と条件があると言えます。電気のほうで考えてみれば、わかりやすい。

科学的な操作によって、難しい言葉を使うと"the equipment of generation of electric power"という特別な装置によって、エレクトロンとプロトンの二つが一つになって生ずるのがエレクトリシティ（電気）です。

そして、さらにその装置のエレメントの都合によって、このエレクトリシティがあるいは力となり、あるいはかくのごとき光となり、あるいはかくのごとき一種のエネルギーとなる。しかし、それもこれも一番最初に必要な設備は、このエレクトロンとプロトンとを一つにしてエレクトリシティにする完全な発電装置でしょう。ここらは誰でも知っていることで、この発電装置はジェネレーターという名前がつけられていますね。いわゆる発電モーターですよ、ダイナモともいいます。

人間の心が始終コンセントレーションを行なっていくというと、発電装置であるダイナモ、いわゆるジェネレーターが完全に用意されたと同じような状態にわれわれの精神状態がなるのですよ。われわれの精神生命というものは、考えてみるとかくのごとき偉大な性能を持っているのです。

ですから、普通の人の持ってる精神生命は、ダイナモの格好はしているのだけれども、事前条件として必要なコイルの巻き方がめちゃめちゃなんだね。それがために、このエレクトロンとプロトンとがアタッチメント（結合）しないで、空回りしているといった状態なんだ。

これが精神が統一された状態になると、コイルが立派に約束どおり巻かれてくるから、そこにエレクトリシティが次から次へと生まれてくるように、霊性が発現するというわけだ。わかったろう。

前提は潜在意識の大掃除

だから、わずかな心を使うときでも、あだやおろそかに使っちゃいけないということがわかりそうなもんじゃないか。それが、こういうことを聞かされない人は――聞かされてもそうなんだから、況《いわん》や聞かされない人は――もうめちゃめちゃなのね。ただもう思うが故に思い、考えるが故に考える。しかも思っちゃいけないことを思い、考えちゃいけないことを考えて、思わなきゃならないことは思えない、考えなきゃいけないことは考えられない。

人間の心は、一時に二個は出ないんだ。二個出れば重宝なのだけども、一個しか一時には出てこないんだ。「嫌い」と「好き」が一時には出てこない。昔の都々逸にも、「好きと嫌いが一度に来れば　ほうき立てたり倒したり」っていうのがありますね。これは、好きな客と嫌いな客が一緒に来たときに、一時に両方を相手できないから、早く帰ってほしいほうにほうきを立てておくという、まあきわめて粋な話なのですけどね。

　だから、悲しいと思うと、悲しくないほうの気持ちは引っ込んじまうから涙が出てくる。そのかわり悲しいと思っても、悲しくないぞという気持ちのほうが強く出てくると、悲しい気持ちは引っ込んじまうから、泣いていたのが収まるというわけ。だからわれわれは常にこの積極的な気持ちを心の中に充満せしめて、思うべからざることは思わず、考えるべからざるものは考えないようにしてるてえと、自然とこの意識の混濁というのがなくなるんだよ。

　結局、はっきりした気持ちになろうとするとき、一番最初の前提として、やはり心の掃除を完璧にしなきゃだめだということだ。観念要素《かんねんようそ》の更改《こうかい》が厳粛に実行されないてえと、心そのものの内容にもうくだらないうじ虫みたいなものがどっさり入っていて、いざ心をまとめて使おうったって、そいつがポンポンポンポンポン心の表面に出て来てからに、心をいい加減にかき乱してしまうから、はっきりした気持ちどころじゃありません。

　だから、心の使い方においても、まず根底的に必要なのは、やはり観念要素の更改だよ。潜在意識の中の大掃除をしないといけません。それで潜在意識の中の大掃除をして、心の中をきわめて尊いもの、強いもの、正しいもの、清いもので充満させておいて、たった今、教わった順序にしたがって、はっきりした気持ちを常に心に持たせるために、何事をするにも気を打ち込んで、いわゆる霊性発現の発電機ともいうべき精神の状態をかき乱さないようにすることなんだよ。

すると、熟練した技師が精巧な機械をさながら手足のように動かすのと同様に、その時その時の必要に応じて、必要な心だけを実在意識領に出して、どんな事柄をも快刀をもって乱麻を断つように処理してくれるという結果が出てくるわけだ。

だから、こういうふうにして心を立派につくられた人間には、めんどくさいとか、物憂《ものう》いとか、ややこしいとかいう気持ちはないのです。何事をするときでも、同じ気持ちでやれるんだもの。

人生、これがめんどくせえ、あれが嫌だ、これだけはしとくけどそれはやめとこう、なんて気持ちになったら、もうこれはこの世をおさらばするときを、自分では気がついてなくても、自分でつくっているようなもんだ。やがてほど遠からぬうちに、焼き場の戸を自分で開きに行くわけじゃないけど、他人に開いてもらって自分が入り込むときを、そう遠くない将来に持っている人なの。

とにかく、心の中を立派に掃除しといてからに、さらに何事をするときも気を打ち込んで心を使う。一歩足を出すのだって、ゆめ油断あるべからざる心でもって心を使っていると、くだらない迷いや煩悶に心が苦しめられるということがなくなるのであります。

天風会員になってからに、煩悶や心配に心が苦しめられるというような人はたんとはいないかろうけども、たまにいるからね。こういうところにこうやって毎日毎日立っていますと、一度皆さんの顔を見れば、「ああこいつ、まだ心配持っているな」とか、「こいつ、何か腹を立てて来てやがるな」とか、すぐわかります。ときにじっと顔を見てるってえと、きのう別れてからきょうまでにあったことの中で、とくに著しい出来事なんかがピッとここに映ってくるのですよ。

とにかく、心がしょっちゅう穏やかな状態で、少しも曇ってない状態で生きなきゃね。それが気を打ち込むという、心を使うときの態度で、自分じゃあ曇らせたくなかろうけれども、心が曇ってくるのをどうにも防げない。第一、この心がけが緩められると、直接的に困らされるのは、ややともすると肉体の要求やそれに随伴する自己本位の欲望だけを満たそうと、わがままいっぱいに振る舞おうとする本能心が、その心を占領する恐れがあることです。気がつかなかったろう。

この本能心というやつは、肉体を確保するために必要な心だから、これは決して要らない心じゃないのだよ。要らない心じゃないのだけど、こいつだけを精神の中にわがままいっぱいに暴れ回らせるてえと、もう肉体の要求する必要以上の限度を乗り越えちゃってからに、もう生命全体までをわがもの顔に支配するという、始末に負えない横暴を振るいだすのですよ。と言ってもわからないかもしれないけど、あなた方の現在の心の中にはたぶんそういう心のほうが多いぜ。

そうすると、子供に甘い親が子供の甘ったれた無理な要求を聞いても、何とかしてそれに応じてやろうという気持ちが間違っていないと思うのと同じように、何でもかんでも肉体生命の要求に応じることが間違っていないと思う間違った気持ちが心に現れてくる。そうなったら人生は地獄だよ。満たされないことによる心の悶え、鬱勃《うつぼつ》たる不満が始終消えることはなく、もう何があろうと、少しも心に豊かな朗らかさを感じることができないもの。

しょっちゅう何とも言えない不満と不平が自分の心の中に去来して、月を見ても花を見ても、思うとおりにならない世の中ぐらい面白くねえことはないし、思うとおりにならない世の中を思いどおりにしようとして、思いどおりにならないときぐらいつまらない世の中はなかろと思うけど、どうだい。大抵の人が今、世の中の人生に生きている刹那刹那を味気なく面白くなく思っているのは、そういう気持ちが心の中にあるからだ。

そこにいくってえと、天風会員になって長い間こうやって真剣に教えを守っている人はありがたいな。どんなところにいても、そうした気持ちがいささかも心の中に出ていない。出ていないのは、ないから出ないんだ。「晴れてよし曇りてもよし富士の山」、少しも心にとらわれがないものね。

だけど、自ら顧みて、今あなたたちの心にとらわれがあるとしたら、そのとらわれから抜け出さなきゃだめだよ。とらわれから抜け出すのは難しくないんだ。とらわれから抜けよう抜けようと思うと抜けきれないが、心を打ち込んで何事かをする習慣をつけるてえと、今までとらわれていたはずのものが、向こうから出ていってしまう。振り落とされちまう。

ところが、ただ漫然と何の用意もなく、準備もなく、反省もなく、思うがままに思う、考えるがままに考えるというような状態でやっていくってえと、この肉体本位のわがままいっぱいに振る舞おうとする本能心だけが心の全体を占領する。

もちろん理智教養を受けてくると、そこへちょいちょい理性心というやつが首を出してくる。「だめだ、そんなこと思っちゃ」ということは言うのですよ。だけど、力のないヨボヨボの姑が口やかましく五月雨小言を言っているのと同じでもって、本能心が言うこと聞きやしねえ。理性心には、それがいいとか、悪いとか、間違っているとか、間違っていないとか、そういうことに気のつく働きはあるのだけど、「だから、そいつはやめろ」と、やめさせる権能《けんのう》がない、力がない。

そうなるってえと、理智教養を受けた人と、受けない人との心の悶えは、理智教養を受けている人間のほうがはるかに負担が多くなるわね。悪いということを知らないときには本能心がわがままいっぱい働いていても、自責の責め苦に心は陥《おちい》らんわね。それが当たり前だというふうに考えているもん。

あなた方が天風会に入るまでは、「食いたいものを食い、飲みたいものを飲むのは当たり前だ、人生五十年夢のようなもの、それでくたばっちまうんなら、やりたいことをやろう」なんてなことを平気で考えていた場合もあったかもしれないだろう。

天風会に来るにしたがって、その考え方に間違いがあるぞとわかってくると、その間違いを訂正しない限りは、何とも言えない煩悶らしきものが心の中に出てくるわね。幸い、天風会のほうでは、そういう場合にその煩悶を排除すべき方法を教えてくれるからいいけれども、そうでない人は、理性心が良い悪いを知っていれば知っているほど、この本能心のわがままが目立って見えますから、それがいわゆる理性と感情の衝突というやつが起こってくる原因になって、その結果がノイローゼだ、神経衰弱だということになる。

だから、こういう方面から見るってえと、教養というものを用意なくして受けた者は、むしろどっちかというと、不幸のほうを余計味わうわけだ。孔子もそこに気がついたから、二千年の昔、「学んでいよいよ苦しみ、極めていよいよ迷う」と言ったでしょ。それだけをおっぱなして言うんじゃないんだよ、孔子は。「かかるが故に信無くんば能《あた》わず」と言っています。「信念があるとそれがなくなるけれども、信念がないと、知識が増えれば増えるほど煩悶が多くなるぞ」と、こう言っている。

その信念というものがまた、出すようにしてやらなければ出てこない。幸いあなた方は観念要素の更改について話を聞いたときに、鏡を応用して手っ取り早く信念を出す方法を教わってるね。あれはじつに信念煥発《かんぱつ》には無上の方法ですよ。これだけのことをやっているだけでも、心の中の掃除がどれだけできるかわからない。

とらわれなき心で生きる

いずれにしても、澄み切った気持ちでもって、気を打ち込んでやると、その結果というのが実際ありがたいんだ。聞いてるうちにおわかりになった人もあるかもしれないけれど、わからない人が多かろうと思うから言うと、気を打ち込んで、気を散らさずに心をまとめて、はっきりとした澄み切った気持ちで物事をするとね、人間の心の能率をぐんぐん上げてくれるのに必要な有意《ゆうい》注意力というものが旺盛になるのだよ。

こんな言葉初めて聞く人がありゃしないか？　有意注意力。普通の場合、あなた方の多くの持っている注意は無意《むい》注意というやつ。無意注意というのは、何も見よう聞こうと思わなくて、ただボーッと往来を歩いているうちにフッと横っちょから何か不思議な姿をしたものが出てきたり、あるいは目につくようなきれいな人が出てきたら、ヒョイとそっちのほうを見るだろう、これが無意注意。これは犬でも猫でもある。無意注意は誰でも持っている。

しかし、それじゃいけない。有意注意というのは、たとえばここに電気スタンドがあるね、それでもって、こっちをよく見ようと思うと、こちらをスタンドで照らす、今度は反対のほうをよく見ようと思うと、そちらにスタンドを向けて照らす。つまり、自分が思った方向に自在に注意を振り向けるのが、有意注意です。

無意注意というやつは、いったんある方向を照らしてしまうと、もう他に向けられないんだ、とらわれがあるから。いわゆる円転滑脱無碍自在《えんてんかつだつむげじざい》たることを得ないのが、無意注意なんだ。ところが、始終気を打ち込んでやるという習慣をつけると、変転自在に必要において心を操縦することができるというありがたい結果さえ来る。有意注意力も旺盛になるのです。

そうすると、第一心に疲れがないのですよ。あなた方が何か一つのことをやっていると、「おお、しんどい」とすぐ言うけども、それは心機転換がうまくできないからなんだ。これからそっち、それからあっちと、その時々の必要に応じて自分の思う方向に心を切り換えることを、心機転換というの。その心機転換ができない人は、これを思って、それを思う必要がないときにも、これを思いながらそれを思い、今度はさらに別なことを思うときにも、思う必要のないことまで思っているというふうに、何かしら心の中に捨てきれない思考が残留しているんだね。だから、疲れる。

それが雑念、妄念である場合はどうだい、その雑念、妄念がたとえわずかなものでも、ずーっと大きくなってきて、心の全体をすぐ汚いものにしてしまう。それがさまざまなよくない結果をもたらすのだから、何をおいても心を散らかさないようにしなきゃいけない。

心はそのまま自分の心の中に置いておいて、心の前に出たものはことごとく心の中に取り入れて、どんなことがあっても、心の前に現れたもののほうへ心を持って行かれないようにしなきゃいけないということですよ。わかったかい？　同じ目でものを見ていても、心の用意が今言ったように十二分な注意で行なわれていないと、フーッと心が向こうへ持って行かれちまうよ。

そういう人間が多いから、そういう人間を相手に特別な営業を行なって、今日の人生を送っているやつがあるわけです。スリとか空き巣狙いとかが皆それだ。たとえば、スリにハンドバッグの中のものを取られるはずがないと思うだろう。自分が持っているのだからね。スリにこれを預けているのなら、持って行かれてもしょうがないけど、自分が持っているんだからね。

ところが、気がついたら大事なものがない。

それは、目で何か見ていてからに、見ているだけならいいけど、心が一緒に向こうに行っちゃっているから、取られてもわかりゃしねえんだ。それでさんざん見てからに、向こうへ遊びに行っていた心が帰って来たときにヒョイと見たらないの。

つまり隙だらけというのは、そういう意味だ。隙のない人間というのは、目で向こうを見ていても、決して心が向こうに行ってないんだよ。てめえの持っているものを持って行かれる了見なんかありゃしねえ。これは紙一重の相違だがね。

時まさに暮れなんとする年の瀬が迫っているこの節、あなた方、今おのれの心が金にとらわれてやしないか？　商売にとらわれてやしないか？　事業にとらわれてやしないか？　その他、人事世事、いろいろなことに心がとらわれてやしないか？　とらわれて解決がつくというふうに思ったら大違い。よく他人のことだというとすぐ考えがつくけど、自分のことはなかなか考えがつかないというのは、結局とらわれがあるからなんだ。

他人のことは「それはおまえ、こうしたらいいだろう」なんて利口そうなことを言ってからに、自分のこととなると迷っちゃって、どうしていいんだか、ちっともわからない。それは、とらわれがあるからなの。

何ものにもとらわれないためには、平素が大事なんだ。できている人とできていない人というのは、この相違だけなんだ。偉そうに見えるからできている、偉そうに見えないからできてないと思ったら大違いですよ。いざ、さらばのときに、円転滑脱、とらわれなき状態でいられる人が、本当にできている人なんです。

講談『山岡鉄舟』

さ、だいぶ人数が増えたから、面白い講談を始めます。講談の面白さにとらわれて、本当の中身の消息を忘れちゃだめだぜ。とらわれさせるために聞かせるのじゃない。とらわれとはこんなことかいなってことが、その講談の中に出てくる。そのときに事柄は違っても、自分の現在も何かそんなような状態になってやしないかなって反省しなきゃだめだぜ。

古い会員は何遍も聞いた話かもしれない。幕末維新の際の名剣士として後世の末まで名の高いのが、ご承知のとおり、山岡鉄舟《やまおかてっしゅう》（通称、鉄太郎）であります。明治大帝の世になって、華族に列せられて子爵になりましたが、それは維新の大業が成った後のこと、元はこの人、徳川幕府の旗本であります。

若いときから特別荒い気性を持っていただけにこの男、お玉ヶ池の千葉周作の門下に入ると「鬼鉄」と呼ばれ、師匠の千葉周作といえども三本に一本は取られるというぐらいの腕前になった。

もう道場で相手になる者がないのですから、これは凡夫凡人の当然行き着くところでしょうが、「まずおれぐらいできるやつはいない。師匠でさえ一目置いている。師匠はまあとにかく六十近くで日本一、おれが六十近くなったら世界一になるだろう」と自惚《うぬぼ》れていた。人格の内容ができてない人間が、技だけできるとどうしても「このおれが」という自惚れが出るのは、これはもう万人が万人当然ですわな。

そこで道場で自分の相手になる者がないとなった鬼鉄は、「よし、構うことはないから、夜、町中に出て行って、侍と見たら叩き切ってやれ」と物騒なことを考えた。だがしかし、親もあり妻もあり子もある侍を切っちゃ後味がよくねえからというので、出くわす侍に必ず聞くそうだ。

「親はあるか？」

「ない」

「妻は？」

「ない」

「子供は？」

「ないな」

「兄弟は？」

「ない」

「天涯孤独か。申し受ける」

そして、パッと切っていたそうな、大根を切るように。

何せ、今と治安の状態が違う。今そんなことをして歩けば、一人二人切るうちに捕まっちまうけど。旗本直参、徳川幕府の息のかかった侍に対しては、町奉行はこれを取り締まる権限がなかった。

武家政治華やかなりしころの法律というものは、今の法律とはおよそ格段の違いです。武士にして初めて人なり、武士にあらざる者は人にあらず、というのですから。武士に対する取り締まりは寺社奉行が手をつけていたものの、町方の治安を取り締まっている町奉行は指一本触れることができない。

だから、むろん町奉行においても、この節、山岡鉄太郎なる者、辻斬《つじぎり》に出ているということは万々承知をしていても、捕まえることができないんだよ。それはだってへたすりゃ寺社奉行にこれを頼むと、今度は町奉行の責任を問われるようなしっぺ返しを受けるものですから。

もう侍が暴れるやつは手がつけられなかったそうです。もっとも浪人の場合は別だけども、主を持っている侍には手がつけられない。それをいいことに山岡鉄太郎、さらに辻斬を続けたが、ものの一月《ひと》二月《ふた》経たない間に、もう噂が噂を生んで、夜中に町中を出歩く侍がいなくなってしまった。喜んで切られようってやつは誰もいないし、また、こっちから出て行ってそんな乱暴者と勝負しようとするほどの人間も、元禄時代以前ならともかく、世の中がすっかり冷め切っていた幕末にはもういなかったらしい。

それで鉄太郎は考えた、「町中を歩いていてもこのごろいいトリが引っかからねえや、そうだ、今夜吉原に行ってみよう。田舎の勤番侍が女郎街に行くに違いないから、途中の吉原土手で待ち受けて叩き切ってやろう」と。

下谷の御徒町に住居を持っていた当時であります。真の闇夜、月の暇《いとま》を幸いと、丑《うし》三つ時に家を飛び出した。

今じゃ晦日に月が出る。昔の晦日は月が出なかった。昔の晦日は陰暦だから月は出ない。今の暦は太陽暦。真の闇夜というのを、あなた方は経験しないでしょう。文化の都に住む人は、一寸先の鼻をつままれてもわからないという暗さを味わおうと思っても、なかなか味わえないのですが、われわれはもう電灯もなくガスもなかった時代に生まれて、中年までは、ほとんど行灯《あんどん》生活をしていましたから、よく知っています。本当に暗いとなるってえと、鼻の先も見えないのです。毎晩のことじゃありませんけれども、月なき夜は。ちょうど満月と逆の裏の夜ですな。昔の晦日というのは、皆そうだった。

そんな闇夜でも、江戸の町中は慣れたもの、鬼鉄が急ぎ足してちょうど来かかったのが、上野の三枚橋。今の人、東京に住んでおられても三枚橋ってのをご存じないのは、この橋、今はもうないからです。不忍池《しのばずのいけ》から流れる川に架かっていた三つの橋が三枚橋。目当ては吉原土手ですから、今は円タクでも雇えばスーッと行っちまうのでしょう。昔はよっぽど早くて駕籠なんだけど、人切りに行くのに駕籠なんかに乗って行きゃあしない。

左手で鯉口を切りながら、途中で相手になるやつが出たら、一刀のもとに切ってやろうと、おそらくはその闇夜の中でも目は血走っていたに違いない。地面に足が付くか付かないか、宙に浮いているような足取りでもって、タッタッタッタッタッタッタッと三枚橋にやって来た。そのとき、バーンとぶつかったやつがあります。

「誰だ」パッと一刀に切ったのだが手応えがない。危ないと思って刀を取り直そうとしたときにヒョイと気がついた。鬼鉄の喉元にピッと剣気を感じたのであります。とりもなおさず、自分が一刀払う前に、敵はもうすでに刀を喉元につけていたことが悟れた。もう動けない。

あなた方だとそれでも「えいっ」てやるから、ブスッと切られちまいます。そこは剣一筋の毎日に生きている人間であります。「しまった」と思ったけれども、もう動かない。そうするってえと、闇の中からスイッと深みのある声が、こう言った。

「どうした鉄、普段のおまえにも似合わねえじゃねえか。かりそめにも武術家が何事だ。人を切ろう切ろうと、切ることばかり考えてからに、おのれを守る備えがまるでないじゃねえか。ドカーンと突き当てられて、おれに切る気があったら貴様はもうとうにあの世へ行ってるわ。

おれは貴様を切る気があってやったんじゃない。どこまでの備えがあるかを試したかったのだが、まるでなっちゃいない。何とか言え、うなっているだけじゃわからねえ。前へ出るな、出るとすぐ突っ込むぞ。後ろへ行け後ろへ、後ろへ行きながら考えろ。それでも貴様は武士か。千葉の道場じゃ、貴様の向こうに立つ者はないかもしれないが、天下に剣客はおのれ一人と自惚れるんじゃないぞ。下がれ、前へ出るとすぐ突いてやる」

しょうがねえ、喉元に刀が来ているのですから。どんどんどんどん押されて行きやがる。三枚橋から不忍池の脇まで少なくとも二十間ぐらいあります。その間、うんともすんとも言うことができねえ。とうとう池の際《きわ》まで追い詰められた。

「フフフフフッ。とうとう来るところまで来たな、鉄。こういうことがあるとは夢にも思っていなかったかもしれないが、一刀流の極意に『斬り結ぶ太刀の下こそ地獄なれ、身を捨ててこそ、浮かぶ瀬もあれ』というのがあるのを貴様は知っとるか。知っているなら、これはもうあとは池の中しかないぞ、時は二月の寒空だが。知ってても知らねえでも、このままじゃあおれは帰らねえ。おれの気合とともにこの刀は前へ出るんだ。立っていると貴様は団子刺しだ。悔しかったら払い切りなり、袈裟切りなり、突き切りなりしてからに、池の中へ飛び込め。死んじまうぞ、貴様」

困ったよ、鉄太郎。そのままいったら死んじまうから、「うわーっ」て言いながら池の中へ飛び込んじまいやがった。水音を聞いて、闇の中でチャリンと刀を鞘に収める音がする。

「鉄、冷たかろうが辛抱してろ、出てくると叩き切るぞ。悔しかったらあとをつけて来い。おれはこれから九段に帰る」

言い捨てると、同時にくるっと向こうを向いたが、最後にこう付け足した。

「もう一言いって聞かせる。腕はいくらできても、心ができていなければ、きょうのように戦いに敗れるのが必定《ひつじょう》だ。切ってやらなかったのは、いささか見どころがあるからだ。その腕よりも心を研げ。そうすれば貴様は立派な人間になれるだろうが、おれの忠告をあだにすると、間もなくまたきょう以上のことが出来上がるぞ。そのときは貴様の命はおれがもらう。あばよ」

そのままスタスタスタスタ行っちゃった。蓮の間から首を出して、悔しがったけど、どうにもしょうがねえ。濡れネズミになって岸に這い上がった。

「ちきしょう、九段のほうへ行くからあとをつけて来いとぬかしやがった。不意打ちくったからやむなく負けたんだ。どこの誰だか知らねえけど、こんちきしょう」

こうなっても、まだ悟り切れねえんだな。足音を頼りにしてあとをつけて行ったのだが、どうにも隙がないのであります。坂下までつけたものの隙がねえ。

「ああ今夜はやめだ。どこのどいつか後から調べて、正面から差しの勝負を申し込もう」

その夜は諦めて、そのまま家に帰っては来たものの、悔しくて寝られやしねえ。一番鳥の声を聞かねえうちにいきなり跳び起きてからに、親友の榊原鍵吉の家に飛び込んだ。叩き起こされた榊原は眠い目をこすりながら、一部始終を聞いた。

「ふふん、さすがの鉄も一杯やられたな。しかし、うめえこと言ったねその人、誰か知らねえけど」

「誰だと思う？」

「誰だと思うって、おれが立ち会ったわけじゃねえよ。その太刀筋、その度胸、ほれぼれするな、男としてよ。誰だと思う？」

「誰だと思うって、わからねえからおれは聞いてんだよ。今この江戸はおろか日本六十余州に、自慢じゃねえが、鬼鉄といわれたこのおれに、あれだけの捌《さば》きをする使い手は、師匠の千葉周作先生以外にあろうとは思えねえが、あるか？」

「さあ、たんとはねえかもしれねえが、一人や二人いるかもしれねえ」

「その一人や二人って、誰だ。それは江戸にいるか？」

「いる。たしかにその人とは言わないが、たぶんその人だろうと思う人」

「誰だ？」

「家は九段だと言ったな？」

「言った」

「浅利の大先生だ」

「お、浅利のご老体まだ生きてるか」

「まだ生きているどころじゃねえ。矍鑠《かくしゃく》としておられる」

「そうか、わかった。おれもそうだと思ったんだ。よし、これから乗り込んで行って勝負する」

「まあ待てよ。おめえ九段の先生のところに行くのか？」

「行く」

「殺されにか？」

「何？」

「殺されに行くのか？」

「殺される義理はねえ。諺に、闇のつぶては逃れるすべもないという。きのうは闇の夜中の不意打ちに不覚をとったが、なあに正面から勝負すりゃ負けるはずがねえ。まして相手は老いぼれだ。鉄の腕には筋金が入っているぞ」

「それがいけないんだよ、おまえ。おまえがそういうようなことを言っている限り、浅利大先生と勝負をしても、やかんに豆をぶつけるようなもんだよ」

「何？　貴様、おれが負けると思うか？」

「負ける、絶対に勝ち目はない」

「勝ってみせる」

「だめだよ」

「なんでだめなんだ？」

「だめなとこがわからねえようだな、じゃあ一言聞かせよう。浅利先生はな、ご飯を食べているときも、たばこを吸っているときも、日なたぼっこで孫を相手にしているときも、厠《かわや》へ入っているときも、久々の真剣の勝負をしたときも、いつも同じ気分で、おめえみてえに時と所によって、怒ってみたり慌ててみたりしやがらねえよ。池の面《おも》に映る秋の月のような、澄み切ったあの大先生に、指一本触れることができるかってんだ。今おめえの話を聞くってえと、浅利先生が池におまえを放り込んだ後に言われた、腕はできるが心ができてねえ、の一言、おれは他人事《ひとごと》でなく聞いたな。それだけの腕に勝るほど心を磨いてみろ、立派な人間になる。見どこがあるから助けつかわすと言ったあの言葉、なぜそれを悟らねえ。それが悟れりゃあ、おめえは立派な人間だが、これから敵討ちに行くというなら、殺されに行くようなもんだ、考えろ」

　なるほど、将来立派な人間になるだけの山岡鉄太郎、そのときにこの一言でパッと目が覚めた。

「悪かった」

「悪いと思ったら心を改めるんだ」

「うん、改める」

それから今度は剣を捨てて心を磨くことばかり。それでしまいには剣禅一致の妙諦《みょうたい》に触れて、剣はあってもなくても、勝てる闘いは心で勝てるという一大真理を発見し、ついに無双剣という極意を編み出したという。とらわれから脱却したときの人の心のなせる偉大な業績、一席の講談ではありますが、ご参考になれば大変けっこうだと思います。

これをお土産にして、今年度最後の研修科の講演を終わろうと思います。ありがとうございました。

第七章　体の活かし方

――正しい食生活の基準

“常識”外れのインドでの食生活

先月と先々月、食生活について、諸君に注意を与えておいた。そのときに、どんな場合であろうと、ただ美味《うま》いからというだけでもって、動物性のものを余計食べたらば、断然、長生きはできないぞということを申し上げた。その理由をきょうは詳しく説明したいと思うから、どうか相変わらず批判なく、十分に純真な気持ちで聞かれんことを希望します。

西暦一九〇七年にペンシルバニア州の州都ハリスバーグ市の顧問医であったところのエドワード・リバーク博士――これはアメリカの健康医学連盟会の会長でありますが――は、「人間が血管の破壊や、あるいはガン性の病に冒されないような正しい食生活を行なうことができれば、人間の寿命は、今より少なくとも五〇パーセント以上長くなるだろう。だから百歳ぐらいまでは平気で生きられるに違いない」と、こう言ってる。

そして、「それにはまず第一に、食生活に対して正しい理解を持つと同時に、精神の元気を失わないことが肝心な条件だ。ところが、何を言っても現代の人々は、いわゆる肉体の本能の欲望にいつも打ち克て得ずして、とかく動物性のものを植物性のものよりも余計食うために、女も早く年をとってしまうし、男も早く老衰する」と言っているのですが、これはお互いに本当に気をつけたい問題であります。

私も五十年前にインドの山の中で、初めて食生活の重大性というものを知りました。インドで私が経験したような食生活をあなた方にしろとは言わないけれども、ご参考までにそれを一応お耳に入れておきます。

私はそれまでヨーロッパで生活していた人間だけに、相当、贅沢な食い物を食っていたんでありあます。おまけに自分が病であったために、さらに自分が医学者であったために、結局、病を治すにはカロリーの多い食生活をするより他に方法はないと考えていたのです。

実際、その当時の医学のほうでは、とくに呼吸器の肺病だとか、あるいは喘息《ぜんそく》のような病には、何をおいても、とにかくカロリーの高いものを食わない限りは栄養負けして病は治らないというのが常識でした。

今考えてみると非常に間違った議論ですけれども、その当時は間違っていないと思って、私がヨーロッパにいる時分には、今思い出してもぞっとしますが、肉は必ず三十匁《もんめ》（約一一〇グラム）、カロリーはとにかく三五〇〇キロカロリー以上とらなきゃいけないという学説のとおりに、毎日ずいぶん贅沢な食生活をしてたんです。卵は必ず日に六個、ですから三食のたびに二個ずつ食べていたわけだ。牛乳は日に少なくとも六合（一〇八〇ミリリットル）は必ず飲んでいたでしょう。

そんな傍《はた》の人が見たらずいぶん贅沢な食い物だなと思うようなものを食っていた人間が、パッとインドへ入ったわけです。そうすると、食うものがガラッと変わっちゃったの。一番先に心細く思ったのは、主食が人間の食うものではないヒエなんです。ヒエといったら、カナリアなんかが食ってるものです。あれを水漬けにして、ぐちゃぐちゃになったところを啜って食べるだけ。煮もしなきゃ焼きもしない。副食物は断然動くものは食わないんですから。

私がいたところがカンチェンジュンガの麓でインダスの上流なんですが、川の深さは深いところでも腰ぐらいまでしかなくて、有名なインドマスがチョチョチョロッと来ちゃ、水の中に立っていると膝小僧なんかにキッスしていくんですよ。ちっとも人間をおっかながらない。獲《と》らないから。ああいうものは危害を与えさえしなかったら、断然警戒する気持ちがありません。

殺すときに声を出すもの、それから動くものは食っちゃいかんというのが、インド哲学の修行者の日々の生活モットーです。朝鮮人やシナ人の好んで食うニンニクも食いません。私が近間のインド人に、「なんでこれ食わないんだ、非常に精分の強いものなのに」と聞いたら、「あれ、引っこ抜くときにキューと声出すでしょう」と言う。われわれが聞くと、ずいぶんとぼけた話で、迷信以上の愚かさを感じるんですが、彼らは真面目に考えて食わないんです。

ですからカロリーから言ったら、せいぜい一五〇〇キロカロリーぐらいなもんでしょうな。

心細くてしょうがないから、一週間ばかり経ってから、私をインドへ連れて行った人に聞いた。

「他の人とは違って、私はこういうふうな病を持っている体ですが、食い物、これでいいんでしょうか?」

「これでいいんでしょうかって、これ以外の食い物がここにあるか?」

「だけど、今申し上げたとおり、この体でこんなものを食ってたら、とても体がもちません」

そう言ったら、「ルック・オーバー・ゼア」と指をさす。何だろうと思って、指さしたほうを見ると、象が五、六匹いるんですよ、大きな象がね。これは運搬だの、畑を耕すときに使ってる象なんです。

「あれはおまえより大きいな」

おまえより大きいどころじゃない、こっちの目方は象のヒップほどもないんですからね。変なことを聞きやがると思いながら、「オフコース」と言ったら、

「あれ、何食ってる? 一年三百六十五日の間、ほとんど半分は一年に三度とれる米の藁を食って、藁がなくなると、われわれの食っている芋の尻尾だのゴボウの尻尾を食ってるだけだ。まだおまえはヒエが食えるからいいけど、象はヒエを食えない。それだけでもってあれだけの体が十分に生きてるじゃないか。なんだ、耳の重さもないくせに」

と言われた。なるほど、象の耳の重さもないと言われたが、その当時、私はようやく十貫目（約三八キログラム）内外だったんだ。そして、捨て台詞みたいに、「これでいけなきゃ、この国から帰るんだね」と言った。

この国から帰るって、どこへ帰っていいんだかわかりゃしないでしょうが。インドの奥の奥の山の中に連れて来られて、「いけなきゃ帰れ」と言われたって、どうして帰っていいんだかわからない。なんておれは因果な人間だろうとつくづく思ったよ。

三年間の戦争中は山の中で、森に住まい、あるいは谷に住まいというような状態でもって、もう食うものもろくろく食わないような境涯でいて、戦争が済んでようやく人間並みの生活ができると思ってたら病になっちゃって、ともかくアメリカやヨーロッパにいるときは相当な食い物を食っていたけれども、またぞろここへ来て、犬よりもまだ劣ったものを食わなきゃならない。

結局、おれっていうやつは、こういう苦しみでもって責められ通しに死ぬようにできてる人間じゃないかと思って、他のことは何も知らない当時ですから、心細いの、心細くないの。けれども、人間っていうものは、卑しいわけじゃないけれども――卑しいのもあるだろうけども――本能ですな、腹が減りゃ食わないわけにいかないもの。嫌だというわけにいかないんですから。「おれはこんなものは食わない」と言ったら、死んじまわなきゃならない。腹が減ってりゃ、食うとやっぱり美味いですよ。他に食うものがないんですから。

　ところがですよ、これは真剣に聞きなさいよ、カロリーが一五〇〇キロぐらいで、滋養、栄養なんていうのはほとんどありゃしない。そのかわり、果物だけは山にたわわになってますから、千疋屋でもって一個百円だ、二百円だというような果物もただで食えるんだ。腹が減ったら果物なら誰も所有者がないんだから、遠慮なく食えと。

　ところが、また人間というのは不思議なもんで、遠慮なく食えと言われると、遠慮なく食わないですよ。あれ、いくらいくらという定価表示がついていると、食いたいと思っていなくても、つい買って食いたくなる。妙なもんですね、人情とは。いくら食ってもいいよとなると食わないんですよ。

　話は違うけども、大阪や神戸のほうぼうに店出してるある有名な洋菓子屋がありますが、その息子が一遍、大阪でもって修練会に入ってきた。その時分の修練会にはご飯の後に三時になると必ずおやつといって、その時々のお菓子だの、スイカだの、リンゴだのを出して午後の一時を過ごしたもんだ。ちょうどそのとき、洋菓子をうんと買って、みんなに振る舞うと、みんな喜んで食べてるのに、一人食べないでつくねんとしている少年がいたから、「食え」と言ったら、「こんなもの食えるか」と言う。「こんなもの食えるかって、これは珍しい洋菓子だ」と言うと、「おれんところでこさえたんだ、これ」って言いやがる。赤ん坊のときからこういうものを見てるから、もう見るのも嫌だって言うんだ。そういうもんですよ、人間っていうのは。

だから、食い飽きるほど食ってりゃ食いたくないけども、食い飽きなくても腹が減っちまうと、「こんなまずいもん」と普段思うものでも美味いんですよ。失礼ながら、あなた方は本当に腹が減ったということを知らないだろう。昭和二十年の終戦間際の半年ぐらいは、ずいぶん腹減らすつもりでなく減っちゃった、食い物がないという境涯もあったろうけれども。それでも何にも食い物がないという生活は、あなた方は一週間としてなかったろう。けれども、われわれは満洲、蒙古で軍事探偵として働いていた時分、三日や五日食わないことは一月《ひと》に何遍あるかわからない。

そういうときは、普通だったら腐ったものを食わないんだが、本当に腹が減ると、ちっとやそっと臭いのするもんでも美味いんですぜ。満洲で雪の夜道を五日間、何も食べずに歩いてある町に着いたとき、往来にジャガイモの腐ったのが捨ててあった。腐ったから捨てたんでしょうな。「ジャガイモ！」と思ってとったら、お尻のほうが腐っちゃってる。けど、その腐ったところを手でもってはずしてからに、皮ごとぼりぼり食ったときの美味さをいまだに忘れない。今、世界中の金やるから、食えと言ったって食いやしませんな。そういうもんなんです。

それで一五〇〇キロカロリーぐらいのわずかなカロリーで、インドへ来たときには十貫目内外に痩《や》せ衰えていた私の体が、三月《みつき》経たない間にむくむくむくむく太りだしてきた。初めのうち、私は「いよいよ死に目が近まったかな。むくんできたわい」と、こう思った。そうじゃないんだ、太ってきたんだ。

一遍でも太った経験のないやつが太ってきたんならば、今言ったとおり、すぐこれは水気だなと思うでしょうけど、前に十七貫目（約六四キログラム）ばかりあった体が十貫目内外になって、それからぼちぼち増えてきたから、間もなく「ああ、これは太ってきたんだな」と思ったんです。だけども、半年にとにかく五貫目（約一九キログラム）も増えてごらんなさい、びっくりするから。嘘かほんとかわからないほどびっくりするんですよ。

そういう経験を積んで、「なるほどなあ、カロリーじゃないわい。食ってるものの中の成分を肉体生命が完全にキャッチすると、これだけの発育力があるんだ」ということを、そのとき初めて発見したんです。

私がインドにおいて病が治ったのは、もちろん精神安定が第一ではありますけれども、同時に食生活がこういうふうに全然動物性のものを食わず、野菜と果物だけであったがためだということを、久しくこの肉体で私は経験しているんです。

なぜ動物性タンパク質はいけないか

現代の人々はこういう食生活で病が治るとは思わないでしょうね。第一、医者が間違ったことを言ってますもん。動物性のタンパク質は消化しやすいから植物性のタンパク質よりも余計取り入れることは、体の弱い者に対しては最善の賢い方法だと。

ところが、この考え方は大いに訂正しなきゃいけませんよ。昔からの諺にも「預言者は郷里に容《い》れられず」とありますが、きょうもさっき日本橋西川の豊生（才次郎）支配人が話したでしょう、昔私の言ったことを今ようやく医者どもが言い出していると。あの人は以前、医者から「白内障ならいいけど、緑内障だから、この目つぶれちまいます」と言われたんで、驚き慌てて私のところへ飛んできたんです。

それで私が、「こんなもの、何も心配することあるか。神経性のもんだよ。おれが治しちまうから」と言ったときに、豊生君も偉かったよ。普通だったら、医者が「緑内障だ」と言ったら、医者の言った言葉のほうを信ずるのが人情だが、やっぱりあれだけの人間になるだけあって、純真なところがあったんでしょうなあ。「おまえ、医者の言ったことに安心しないから、おれのところへ来たんだろう。おれは引き受けた。治そう」と言うと、一、二年、一所懸命に私について回るようになりました。

さっきも私聞いた、「このごろ、目はどうだ?」と。すると「いや、若いときよりしっかりしてますよ」と言ってたよ。純然たる神経性のものだったんだけれども、医者のほうは悪い症状だけを診てからに、原因は診ませんからね。それから、あの人にも、今まさにこれからあなた方に聞かせるような食生活をさせて、ぐんぐんぐんぐん体を治したんです。

なぜ動物性のものがいけないと私が言ってるかということを第一に申し上げよう。

「動物性のものは非常にタンパク質が消化しやすい。そして、消化しやすいということは、言い換えれば肉体が吸収する率も豊富だから、とくに体の弱い人などは動物性のものを余計食え」というのが、今までの在来の衛生学や医学の思想なんだ。

けどね、タンパク質は動物性ばかりじゃないんですよ。植物性のタンパク質もあるのよ。たとえば大豆やゴボウ、ニンジンはもちろん、お豆腐のようなものやコンニャクや海草の中にも入ってます。

動物性のタンパク質は、医者の言うとおり消化しやすい。消化しやすいけれど、消化する際に副産物として尿酸という酸が生じる。こいつがおっかないんですよ。たしかに植物性のものよりも動物性のタンパク質のほうが簡単に吸収してくれますかわりに、副産物に尿酸という酸がうんと増える。

植物性のタンパク質の中にもこれは入ってるんですよ。けれど、植物性のものを食べてると、血液がアルカリ性になってるから、この尿酸をどんどん分解して、体の外へ排泄してくれてしまうんだ。

ところが、動物性の副産物で生じた尿酸によって、動物性のものを食べると同時に、血液が酸性になる。アルカリ性でなくなる。これを医学的にいうと、「アジドージス」。食べ物それ自身が血液の内容素をきわめて危険なものにしてしまっていますから、尿酸を排泄する力がなくなっちゃってる。そうすると、血液の持ってる大事な力がなくなる。

血液の持ってる大事な力というのは、食菌作用。医学の言葉で「ジャーミサイダル・パワー」といいます。そういう力が血液の中にあるんです。けど、それは血液が弱アルカリ性のときに限るんで、血液がアルカリ性を失って酸性血液になっちまうと、この食菌作用を行なう血液でなくなっちまうんです。色はたしかに赤く見えているけれど、全然形だけの血液で、つまり血液の偽物が流れ出すんだな。

それも何も害をしなきゃいいけれども、害をしないどころじゃない。驚くべき故障を肉体の中につくってしまう。第一、ものは証拠で、肉食をしている人はどうしても風邪をひきやすくて、その上やたらに頭痛がしたり、目眩《めまい》がしたり、あるいは切り傷なんかやっても治りが遅いんであります。

睡眠もゆっくり、ぐっすりと寝られないというやつが多い。罹《かか》ったら、現代の医学じゃどうにもすることができない神経痛やリュウマチス、さらに肉を食う者だけに限って存在する痛風という病がありますわ。足の指先のところが耐え難い痛みを感じるという痛風。それから水虫。これなんかも肉食をしている者には多いんだ。そして病に罹っても治りが遅い。その上、とかく難病に冒されやすい。

そして近来、医学上の大問題になっている、何が原因かわからないというガンだとか、あるいは心筋梗塞症というような病は、動物性のものを食べている者が患う病で、その証拠には、お百姓なんかのように、肉類を食べない生活をしている人間にガンはないでしょうが。

同時に、あのおっかない脳溢血ね、それもうまくキュッと死んじまえばいいんだけれども、半身不随や全身不随になって、死にもやらず、生きもやらずして、三年も五年も家中の厄介になってるというような病になったら、これは傍の者も迷惑だけども、病んでる自身も大変な苦痛でしょうが。ああいう病、いわゆる動脈硬化を促進するのも動物性のものが多いわけだ。だから、こういう現象を考えてみたときに、尿酸というものの恐ろしさを警戒しなければいけないんであります。

ご承知の方があるかもしれないけれども、日本橋に相当長くいたある医学博士は、現代の医学でない漢方薬を売っていながら、自分は盛んに肉食してて、五十にならない前にガンで死んじゃったよ。それで一遍私が言ったんだ、「漢方薬売っといて、自分でそうやってのべつ年中、豚肉だ、牛肉だ、マグロはトロに限るよなんていうことを言って肉食ばかりしていると、貴様、それでゴネちまうぞ」と。ところが、「いや、大丈夫。私は決してそういう病に罹りません。漢方医で、名の通っている人間ですから」と言ってるうちに、五十にならないうちにくたばっちまいやがった。なんで死んだかといったら、ガン。だから、要するに食い物から来てる災いですよ。

だから、こういう点を考えて、尿酸というものが本当に恐ろしいんだということをしっかり記憶しなきゃだめですよ。動物性のタンパク質の分量が多ければ多いほど、消化されるときに、副産物の尿酸の分量も多くなるんだから。それを血液が溶解できりゃいいけれども、血液がすでに溶解のできない血液になっちゃってるんですから、血管の中に尿酸がニカワのような状態になって溜まっちまう。つまり沈殿して流れないという状態になっちまうんだ。

その結果、なんとしてもそれが体の外へ出ていかないんですから、血液そのものがきわめて汚い、不純血なものになっちゃって、同時にニカワのような状態になってるから、どうしても血液の循環を悪くします。循環が悪くなりゃ、ますます沈殿する。

後から食わなきゃいいけれども、そういう人間に限って、一週間に三度も四度も食いますからね。いや、毎晩、毎日のお膳の上に、とにもかくにも、牛なり豚なり馬なり、あるいは魚なりが載ってなきゃ、飯を食う気がしないという贅沢なやつも多い。これは絶え間なく自分の血液の中に尿酸というものをニカワのようにくっつけてると言ってもいいでしょう。そういう人は他の養生法をいくらやったって、動脈の硬化を早めるのは当然です。

だから、この中にお医者さんがいたら考えてごらん。五十を越した人間で、最高が一三〇で、最低が六〇から六五ぐらいの血圧を持っている者が百人中何人います？　医者の常識になってるんだ、五十越せば、どうしたって血圧は一六〇から一七〇になりますよと。なるはずないです。私、この歳になって、まだ一三〇ですもの。しかし、これがもしもあなた方のような食い物を食べてたら、そりゃもうたちまち一六〇、一七〇になるでしょう。

第一、食べろと言われても、私がなかなか動物性のものを食べられないのは、動物性のものを余計食べていると、長い間の講演ができないからであります。もちろん経験のある人はお感じになるでしょうけれども、この講演というのは二時間講演するのと、二時間駆け足するのと、どっちが苦しいといったら、二時間講演するほうが苦しいんだ。駆け足は互い違いに足を出しさえすりゃいい。おまけに、特別なクンバハカというような方法をやっていれば、息も大して切れやしません。

けれど、この講演というのは、息が切れるも切れないも、呼吸というものが断然頭から不規則に行なわれるでしょう。こうやっていろいろなことを言ってるときには、ルールとして、肺臓は息を吐き出しています。そのかわり、息を吸うときはゆっくり吸ってられないもの。だから出すのはゆっくり出して、吸うのは急激に吸っているんです。出すのと同じにゆっくり息を吸ってたら、あなた方寝てしまう。

それで、タタタタタタタタタタターッと言うと、肺臓がきわめて残酷に取り扱われてるの。ですから、血液がもしも少しでもアルカリ分が不足したらば、講演中に脳貧血ぐらい起こすのは当然であります。

ところが、現代の人々はいずれにしても、このタンパク質を尊重しすぎているから、タンパク質の副産物の尿酸というものが動物性のものに余計あるということを、専門の医者でさえあまり注意深く考えてないんです。だから、素人諸君が考えないのも無理はないと思いますけれども、とにかく一遍しかない命、二度も三度も生まれ変わることのできない人間が、自分の生命の大事な一部分である肉体生命の、組織の発達を妨害するようなことをするのは賢くないことだと思いませんか。

「生活の向上」がもたらした文明病

こう言うてえと、「ああ、今夜の講演聞くんじゃなかったな。おれはトンカツの大きいのが好きだ」とか、「おれはビフテキの血の出てるのがいいんだよ」とか思ってる人は、私を憎らしく思うでしょうけれども、私、別に牛肉屋や豚屋や魚屋に仇があって言ってるんじゃないんだぜ。縁があって、天風会に来た以上は、できるだけその人たちを真理によって、健康で長生きさせて、そして良き運命のもとにその一生を過ごさせてあげたいと思うからこそ、こういうことを言ってるんだからね。

にもかかわらず、「天風さんはああ言うけれども、他の医者という医者はみんな動物性のタンパク質を勧めている。あの人一人でもってあんなこと言ってるんだけれども、ほんとかしらね」と、眉《まゆ》に唾《つば》つけるような気持ちを持ってる人は、気の毒ながら、丈夫になりたい、長生きしたいと思っても、そいつはただ空想に終わる恐れがある。少なくとも、もう二、三十年経ったら、私の言うことが「ああ、そうだ。たしかにそうだ」と、医者はもとより素人諸君も気のつくときが来るでしょう。

さっきの豊生さんの講演にもあったように、私があの人に「神経性のものだ」と言った時代の医者は、「神経性の緑内障があるかい」なんて言ってた。「なんだ、その天風という男は？眼科の医者でもないくせに、生意気なことを言いやがる」と言ったやつがある。「生意気なことを言いやがる」と言ったやつのほうが生意気で、言われたほうが生意気でなかったんだな。ようやく今になって、あえて眼ばかりでなく、すべての病のほとんど八〇パーセントは神経性のものが多いとわかってきた。

牛込の河田町の有名な心臓の大家、榊さんなんかも、自分のところへ来る患者のほとんど百人中八十人までは神経性の心臓で来ると言ってますね。本人はそれを神経性だと思わない。それは神経性の症状も実質的な症状も、本人が感じる場合はちっとも変わりないからですよ。むしろ、神経性の病気の人間のほうが、大げさに感じるでしょう。大体が神経が過敏で感じてるんですからね。

ですから、ことごとくの病が神経性だとは言わないけれど、多分に神経性のものもあることを考えなきゃいけない。神経が過敏になるのも、タンパク質の採用に重きを置いて動物性のものを余計食って、それで尿酸を体の中に余計つくっちまうと、どうしても神経系統の方面が脆くなって、弱くなっちまうからです。

それにもかかわらず、牛や豚や、あるいは脂《あぶら》肉の多い魚や鶏肉《とり》などというものは貴重な栄養源だと覚えてるんで、やたらたくさん食ってると、若いうちはまだいいけど、五十越してからぼちぼちやってくるんです。人間の生命の肉体組織の中に、これはどんな人間でも断るわけにいかない、老化現象が起こってきます。年をとるにしたがって若くなるんじゃないんだから。

四十までは、とにかくある程度までの生命の保衛期がありますから、老化現象は来ませんけれども、四十越しちまうと、だんだんだんだんに人間の生命には老化現象が起こってくる。ですから、頭が禿げたり、白髪が生えてきたり、皺が出たり、なんとなく筋肉がこわばってくるような感じがするのは四十越してからでしょう。もっとも、ませたやつになると三十ぐらいから、肩が痛いの、腰が痛いのって言ってるけれど、これは番外ですわ。

それが非常に食い物に関係するということを考えなきゃいけない。その上、本なんか読んでいたり、あるいは何かの研究をしているときに、動物性のものを食べていると、早く疲労が来るんだ。つまり耐久力が持てないんですな。それはさっきから何遍も言った、尿酸が血管の中に沈殿すると、それが血液とともに流れますから、脳細胞に中毒性の反応を起こすがためなんだ。

ところが、多くの人々はこの現象をかえっていいように考えてるんだ。肉を寒いときに食べると温まるじゃないか。これは滋養効果があるからだと。温まるというのは、一種のプトマイントキシンの中毒なんですよ。それを現代の文化民族たちが知らないんだがね。そして、ああいうものを食べると、やがてまもなく眠気がさしてくるでしょう。眠気というのは疲労したからこそ出てくるんだ。疲労しなきゃ眠気は出ません、いくらネタンポだったたって。

だから、とにかく正しい真理によって人生を生かそうとする人間は、間違いは訂正しなきゃ。遺憾ながら、現代の文化の進歩があまりにも物質的方面に偏りすぎていますために、日常の生活の重大な役割を占めている食生活のごときも、昔とは全然比較にならないほどの進歩があります。

ご年配の人だと、この話はわかってくれるだろう。少なくとも六十越した人の若いときを考えてみろよ。僕らの学生時代には今あるがごとき喫茶店なんてなかった。洋菓子なんていうのは横浜まで行かなきゃ食えなかった。それから西洋料理を食べさせる店なんて東京中で三軒だけだったし、シナ料理は、横浜まで行かないと全然ない。

ところが、今はどうです？　田舎へ行ってもシナ料理があるもの。どんな村へ行っても、たいてい喫茶店があるもの。それが文化の進歩だと言っちまえば、別にそれは悪いことだとは言わないけれども、それがために昔と今とは全然比較にならないほど、食生活の内容に変化があるでしょう。

ところが、この食生活の変化は悪いほうに変化したのでなく、いわゆる生活の向上ということを目当てにして変化しているものだから、どうしてもご馳走を余計食いすぎる。ご馳走の中にはどうしても動物性のものが余計入っているわけだ。牛、豚、鶏の肉、あるいは脂肪の強い魚肉なども多くなってる。そういうものが多くなれば、自然と食うようになりますが、その食うようになった結果というものが、自分では気のつかないうちに、自分の血液を酸性化しちゃって、そして自分の体を弱くしちゃってる。

昔、われわれの若いときには、天然痘は植え疱瘡《ほうそう》をすれば防げると言ったもんだ。ところが今は、お医者さんでも、「天然痘に植え疱瘡はある程度は効くけれども、この節の人間の体には効かない場合が多い」と言う。これはどういうわけかというと、血液の中に尿酸が増えちゃっているからなんだ。

ところが、食い物をこさえるほうは、美味いものをこさえて、売れさえすりゃいいんだから、あなた方の健康だとか寿命だとかは考えていやしない。自分の製品が売れて、経済関係の方面が相当潤沢になりゃいいんですから。それはいろいろの工夫をして、新しい食い物を食わせる。それを喜んで買って食う。

そうするてえと、私の言葉としては文明病ですわね、尿酸過剰の。そういう病に冒されて、そしてさっきも言ったとおり、一遍しか生まれない人生を、もったいなくも、まあ、六十や七十で死んじゃってるんだ。それも医者が不足しているとか、病院が足らないとかいうならともかくも、世界で日本ほど医者の数が多い国もなけりゃ、病院の数が多い国もないのに、世界で日本人ほど弱い国民がないといわれるような現状じゃないか。

アメリカやヨーロッパにこのごろ、菜食主義が流行《はや》りだした、肉を一切食わないというベジタリアンというのが。これもようやく尿酸が健康生活に非常な害を及ぼすことがわかってきた結果だと私は思います。

だから何をおいても、しょっちゅう私が言ってるとおり、人間の体の命を保っている血液は、どこまでいっても弱アルカリ性でなきゃいけない。これを酸性にしちまうと、肉体生命のほうに今言ったようないろいろな害が来るように、精神生活の方面では思索能力に欠点が出てくるんだ。高等数学を考える力なんか出ちゃきませんよ。だから近来、青少年の犯罪が多いのは、結局、良い悪いの区別の判断が、その刹那できないがためじゃないかと思う。それは肉類の食いすぎだと、私は遠慮なく言いたいんであります。

たとえて言うと、ちょうど濃厚な肥料を使って促成栽培をしている野菜のようなのが、現代人じゃないかと思う。だから昔と違って、今の人間は比較的みんな体格がいいでしょう。体格はいいけど、内容は昔の小さい人間のほうがきわめて丈夫ですよ。今はウドの大木みたいなやつが多いんだから。見てくれはばかによくて、シナの豚と同じように目方はうんとあるんだけど、内容はがらんどうのやつが多いから、やたらに病に罹る率が高いわけだ。

子供もこの節は、はしかに罹ると症状が重いそうですな。だから、よーくこの点を考えなさいよ。タンパク質は肉体生命に欠くべからざるものではあるけれど、動物性のタンパク質をとると、副産物として発生する尿酸がどうしても健康を害する原因をなすから、これは気をつけなきゃいけないと。

それもね、タンパク質が動物性のもの以外にない場合は、これはまた別ですわね。だけど、植物性のタンパク質でも十分立派に自分の生命を保ってくれるんだから、健康と長寿を念願するならば、尿酸量の少ない、植物性のタンパク質を食べりゃいいじゃないか。

「あら、いやだ。ニンジンだの、ゴボウなんか食べるよりも、やっぱりビフテキのほうがいいわ」なんていうお嬢ちゃん方は、アメリカやフランスの女のように三十越すと、皺だらけになっちまうよ。そのときになって、「天風さんの言うこと聞きゃよかった」なんて言ったって間に合わないぜ。

若い娘さんたち、よく聞きなさい。天風会のおばさんたちが、歳よりみんな若く見えるのは、私の教えをよく聞いて実行しているからだ。そうだろう。受付なんかにはもう六十、七十という年配のおばさんが幾人もいるけど、みんな五十か四十ぐらいにしか見えないよ。それというのも結局、尿酸を体の中に流してないからだ。

まずは動物性＝三、植物性＝七の食事から

先輩ではありましたが、あの徳富蘇峰さんという人は喘息で、しかも牛肉のすき焼きが大好きだったの。まだ徳富先輩を知らないときに、たしかあれは尾崎行雄さんの屋敷で私の恩師、頭山満《とうやまみつる》先生と会ったときに、ちょうど徳富さんも来ていた。知ってる人はあの人の声を不思

議な声だと思ったでしょう。そのとき話を聞いて、あれはどういう声か、子供の声でもないんだがと、私は不思議だったね。私よりあの人は十五ばかり歳が上なんだが。

そしたら、「ありゃ喘息だよ」って頭山さんが言うから、私が「ああ、肉の食いすぎでしょう。どうです？　食い物を改正させてくださらんか」と言ったら、「さぁ、言うこと聞くかしらん」て尾崎行雄さんが言う。

「だって、あなた方でさえ、私の言うこと聞いて、長生きしてるじゃないの。だから自分たちが長生きしてるのは、天風の言うことを聞いたからだと言えば、まさかあの人、まんざらばかじゃないから、言うこと聞こうじゃないか」と言ったら、尾崎さんは「そうかな」と言う。

そしたら頭山さんが、「あん奴がふうけ者か、ふうけ者でないか試してみよう」と――ふうけ者というのは私の国の言葉でばかということだが――そう言うてからに徳富さんに、頭山さんのほうが年長者ですから、「おい、徳富、肉食うじゃだめぞ。おいどんも肉食いおったときには体弱かってんが、今はとても壮健じゃけん、まねせい」と言った。

徳富さんが「そうですか」と言うと、尾崎さんも「そうしなさい、そうしなさい」と勧めた。そしたら「それじゃそうしましょう」と言い出してから、もう喘息の発作が起こらなくなって、ご承知のとおり九十四まで生きましたね。

これには今言ったとおり、頭山翁と尾崎行雄さんが与《あずか》って力があったわけだ。勧めた頭山翁は八十九、尾崎行雄さんは九十五、みんな早く私のところへ来てからに、食い物の養生を私の言うとおりしたからなんだ。

だから、長生きしたかったら、きょうから植物性のものを余計食いなさいよ。たとえ料理屋へ行って、動物性のものが出たからって、何も食わなきゃならないって義はないんだから。どうせ金払うなら食わなきゃ損だというつもりで食うかもしれないけれど、そういうつもりで食ったやつのほうが、かえって損するんだぜ。

だから、論より証拠、自分の体の健康度が一番いいバロメーターだ。この節の人間、憐《あわ》れ惨《さん》憺《たん》たるやつがいるぜ。六十近くなるというと、道の五町《ちょう》（約五四五メートル）も駆けだすとヒーヒー言ってるやつがいる。結局、血液のアルカリ性がないがためだ。

とにかく、理屈を言い出したら、それは半年かかったって、その理屈が絶えないくらい、肉食の悪い害があるんだけども、時間がないから、とにかく肉食でできた元気は一時的で、疲労のほうが甚だしいということを考えなきゃいけない。

だから、本当に人間らしい活動を完全にしたいと思う者は、肉食を控えなさいよ。断然するなと言いたいけれど、これ、あなた方の現在の文化生活ではできないことだから、まず比率を三割にする。若いときは別だけど。肉食が三だよ、あべこべにしたらだめだ。動物性のものが三で、植物性のものが七。これをだんだんだんだん年をとるにしたがって、植物性のものを多くする。八、九、十というふうに。

きょう、私と一緒にご飯食べた人、私の食べ方見たはずじゃないか。私は魚に一切手をつけなかったよ。何ももったいないから手をつけないんじゃないんですよ。どうせあなた方に招待されてる席だもの、何食おうと私の勝手で、むしろ変な気持ちから言ったら、食わないほうが損する。それでも私が食べないのは、いくらただでご馳走になっても、自分の仕事の邪魔をするような体はつくりたくない。だから食べないのよ。また、食べたいとも思いません、長い間の生活ですから。

ところが、あなた方のほうは、動物性のものが栄養上最も良いんだと思い込んでるからいけないんだ。だから、肉類を余計食うなと言っても、食いすぎる恐れがある。だからさっきも言ったとおり、医者も病院も豊富にある日本に生まれながら、健康な者も長生きな者も少ないわけ。さっきもちょっと一言女のことを言っておいたが、女性は早く年をとりたくなかったら、できるだけ植物性のものを余計食べなさい。

人類はもともと果食動物

私ね、半年、世界の名女優といわれた、サラ・ベルナールと同じ宿、棟で生活しました。ああいう人は日本にはいませんけれども、十五分ばかりステージに立っただけでもって、今のお金でいうと二十万円ぐらいギャラをもらった人なんです。世界一のオペラの女優だけど、あの人はどうだったかというと、サンドイッチだって野菜のサンドイッチ、肉類は全然食わない。

その時分にはまだ私、こういう研究してませんからね、「はあー、これは何か宗教的関係かな」と思ったんです。だけど、そうじゃないんです。さっき一言触れたプトマイントキシンという中毒性の反射作用を恐れてたんです。その時分には尿酸という研究がなかったんで。「あなた、肉類お嫌い？」と聞いたら、「嫌いとか好きとかっていうのでなく、私は肉類は人間の食べるものじゃないと思ってるから食べません」と、こう言うだろう。「多くの人、食べてるじゃありませんか」と言うと、「あの人たちはプトマイントキシンを知らないからです」と言う。

生命のなくなった死骸の中にできる毒をプトマインというのよ。動物性の食い物と植物性の食い物と、結果として比較にならないほど大きな健康上の差があるのは、このプトマイントキシンのあるか、ないかなんです。でも、まだわからない顔して、私の顔見てる人があるな。それほど肉体組織に対して知識を持たない人がいるのかと思うと、情けないぞ。

じゃあ、これから言うことをよくお聞きなさい。由来、動物というものは、わかりやすく言えば、みんな生きてるものなんですよ。それで動いて生きてる動物は、その命の火を燃やすために燃料として食い物を食います。つまり、食い物は石炭のようなものですね。その燃料によって運転されてるんだが、これは人間であろうと、サルだろうと、もっと極端に言っちまえば、オケラだろうが、バッタだろうが同じです。

こうした動いて生きてる動物がこの地球上には、人間は万物の霊長として生物扱いするとして、四つ足と鳥のような二本足と、それから虫類に区別されますね。そして、食い物の上から分類すると、四種類になる。第一が肉食動物、第二が果物を食う動物、第三が菜食、第四が混合食。人間が丈夫で長生きをするのには、こういう調査を本当にしなきゃいけない。

肉食動物、これは生肉ばかり食って生きている動物ですよ。カニボワースといいますね。それから果食動物、果物ばかり食べているのはオルチャニスト（フルージボワース）ですね。それから菜食動物は草食動物ともいうけど、草を食ってる動物で、これはハービボワース。それから混合食がミックスワースですね。そして、この四種類のすべての動物はその食い物の種類で肉体組織の作用まで違っている、性質も。

さあ、そこでこれから私が言うことの一体どれに、あなた方は該当するか考えなさい。肉食動物は腸が短い。だから、日に何遍となく大便をします。病気でもないのに日に何遍も大便をする人あったら手を挙げてごらん。それは動物園に行ったほうがいいぜ。それから水を飲むとき、吸うて飲む人は人間だが、猫や虎はチョッピングという飲み方をする。舌ですくって飲むこういう飲み方する人、いない？　いないらしい。それから夏どんなに暑くても汗をかかない人間。それから歯に牙がある人。上に二本、下に二本、牙があったら外しておきなさい、みっともないから。それから夜、闇夜にものが見える人。ああ、おっかない。それは肉食動物。

　今のに一つでも該当する人があったら、手を挙げてごらん。それはこういうところへ来て、こういう話を聞く人じゃない。上野の動物園に行く人だ。

　こういう点からじーっと考えてみると、人間はいかなる食物を食う動物かがわかると思うが、いかがです？　肉体組織の一切から厳格に論定すると、人間は第二の果食動物なんです。オルチャニストなんです。古代、原始時代の人間は木の実ばかりを食べてた。

　私は見たわけじゃないけども、ヘッケルという動物学者の本を読んでみると、人間は今からおよそ百万年前に、この世に生じたんだそうですな。ピテカンエレクトゥストロプスというらしいが、あべこべに、ピテカントロプスエレクトゥスという人もいます。全身毛だらけ、ちょっとチンパンジーみたいなものでしょう。そして木にぶら下がっていた。だからその思い出の残りで、今の人間の腕を見てみろ、毛がみんな横に向いてるじゃないか。家へ帰って見てみろ。それはぶら下がっているときに、雨露が入ってくるのを防ぐためだ。手先のほうに毛が向いていると、みんな毛穴の中に吸い込むので、しずくを外へ流すために、毛の向きが外に向いてたんだと、こう言うんですよ。

それで、ヘッケルは一体何を根拠に言っているのか知らないけども、八十万年、お互いの先祖は木にぶら下がっていたらしい。そして、食うものは木の実だけだった。もっとも、場所もエジプトを中心とした、あの方面だけしかいなかった。そして、八十万年経ってから、地面に降りたと、ヘッケルは言ってるんですね。

みんな、今ミニスカート着たり、洋服着たりしているが、これがみんなピテカンエレクトゥストロプスのなれの果てだぜ。それで地面を踏んで歩けるようになってから、地面に降り立ってから、今度は毛が抜けてきたらしいんだ。そして、木の皮だの、あるいは木の葉っぱだので着物をこさえることを考えて、だんだんだんだん知識が進むにしたがって、防寒の用意ができるようになってから、だんだん温帯から寒帯へ人間が入っていったというんだ。

そして、それと同時に食い物もだんだんだんだん人間の知恵が進むにしたがって、いろんなものを食うようになったんだけれども、ともかくその昔は果物だけだった。

哲学者で、果物の奨励者である、有名なカーリントンがこう言いましたね。

「果物は第一に精力が増進する。頭脳が明晰になる。耐久力が非常に余計出る。それでよく寝られるし、諸事万事においてからに果物を食ってるてえと、体の組織の中の生活力が増進する」

これは学生諸君に私は忠告する。せめて試験中でも米の飯は一遍ぐらいにし、あとは果物でもって試験期を過ごしてごらん。勉強からの疲れもなくなる。元来、試験中に勉強するというのは間違いだけどもね。普段、勉強してりゃ、試験のとき何も勉強しなくたっていいけども、普段は遊びたかろうから、試験中、とにかく早飲み込みに暗誦を飲み込みたいような場合には、頭が薄ぼんやりしてちゃだめだ。果物でやっていくと、何とも言えず頭が明晰になるよ。

私にも確信がある。さっきも言ったとおり、インドで経験してるんですから。インドの山の中で三年間、そういう食い物を食ってなかったら、おそらくは、今あなた方が毎日聞いて喜んでる心身統一法というような方法はできなかったろうと私は思う。

それから、長い時間の精神労働には果物が一番いいですよ。雑念、妄念の発作がない。だから、そこなんだよ、昔の禅の坊主が肉類食わなかったのは。実際、私のごときは、こうした尊いお仕事の関係上、しばしば人生消息に対して講演したり記録したりするとき、いわゆる刹那的霊感を必要とします。考えてたら考えきれないことがいくらもあるもの、人生には。そういうときに自分のインスピレーションを求める場合、食い物が非常に関係するんだな。

それは、そもそもどういうわけかということは、多く言う必要もないほどわかってるでしょう。果物には大自然の持つブリルが非常に多い。力の要素が。そして、その要素の中に、プトマイントキシンが絶対にありません。果物の死骸から死骸の毒が出る気遣いはない。果物以外の、とくに動物性のものにはどうしても細胞組織の中にプトマイントキシンが多い。そして、それが活力を減退させてしまう。

私は研究中に、各種の食物を一定の期間、続けて食べて実験してみた。もっとわかりやすく言うと、牛肉なら牛肉を三月《み》、豚肉なら豚肉を三月、植物性のものを三月、果物を三月というふうに食べて、血液を分析してみたら、肉食しているときが一番いけませんな。やっぱりフルーツが一番です、果物が。それから次が植物性のもの、いわゆる菜食ですね。肉食は全然だめ、血液をみるみる酸化しちまうんです。尿酸の結果です。

病気をしない食事が結局安くつく

こういう講演を聞いていても、講演は講演、食わずにいられるかと思って食う。どうしても食うんだという人は、それはおかまいなし。別に一緒にくっついてって意見するわけにいかないからね。けれどねぇ、これもいつも言ってるとおり、毎月の講習会にここへ出てみて、ああ、あの人もまだ来てるな、この人も来てるなというのを見るときの楽しさ。けれども、長く来てたのにきょうは来てないな、おとといもいなかったけども、というので受付で聞くと、

「先月お亡くなりになりました」

「えええっ⁈!　まだ亡くなる歳じゃねえだろうに」

「それがころっと死んじまいました」

なんてことになると、いい塩梅《あんばい》だと思わないよ、私は。そうだろうが……。

こういう説明を聞く前でも、ある程度までは実際的に体験してるはずだがな。年とってる人は知ってるはずですよ、こういうことを。マラソンの選手でも、スポーツの良い選手はみんな植物性のものばかり食って、肉食しないでしょう。それは耐久力に非常に関係があるからです。

再びインドの話をしますと、行きたてのころ、毎日三貫目から四貫目（約一一〜一五キログラム）ある石を背負わされて、山へ一緒について来いと言われたんです。先生なる者はロバに乗って行くんですよ。

こっちは十貫目切れてる痩せっぽちになっちゃってるときなの。しかし、とにかく最初は山で何かにこの石使うんだろうと思って、背負って行った。そしたら、いつも座禅を組むところに「それを置け」と言う。石を置いて、夕方まで座禅して、帰ろうとすると、「それを背負って行け」。

ああ、きょうは使わないのかと思って、また背負って帰る。そして明くる日、また「あの石を背負え」。

三日目にとうとうばかばかしくなって聞いた。

「一体、これ何のため背負って行くんです？　毎日、きょうは何に使うか、何に使うかと思ってきたのに、毎日お使いなさらない。使わないくらいなら、使うときに持って行こうじゃありませんか」

「使ってるじゃないか」

「使ってないじゃありませんか」

「使ってるじゃないか」

「何に使ってるんです？」

「おまえに担がせてるじゃないか」

「私、こんなもの担ぎにここへ来たんじゃありません」

「これも一つの修行だ。おまえはかつて十七貫あったと言ったな」

インドは貫とはいいませんよね、ムーメといいます。

「そのとき重かったかい？」

そりゃ重かねえやね、自分の体にくっついてるんだもん。

「それで痩せて、今度は三貫目か五貫目のものを持たせて、重い、重いというのはおまえの気持ちが重く思ってるんじゃないか」

「しかし、これ背負って歩くと息が切れる」

「ま、十日や二十日、息切れてもしょうがない。息が切れてぶっ倒れたら、ぶっ倒れてろ、石と一緒に。そのうち、それが軽くてしょうがなくなるから」

そしたら、十日ばかり経ったら、ちっとも苦にならなくなっちゃった。一つはやっぱり食い物のおかげですな。耐久力がついてきたわけなんだよ。つまり、果物の生活ばかりしてたために、エネルギーがついた。

健康のみならず、本当に肉食しないことがどれだけいいことか、日本の昔の人間を考えてごらん。元亀・天正時代、世は仮のもの、麻のごとく乱れる。朝《あした》に戦い、夕べに戦《いくさ》というふうに、生涯戦って一生を終わった昔の戦国時代の武将を考えてごらん。彼らが普段、何を食べていたかというと、お茶漬けに沢庵のこうこだよ。

今、あなた方が「おお、腹減った。何かねえか」と言って、「ああ、あるよ。沢庵のこうこ」と返事をされたら怒るだろう。「ちくしょう、ばかにするな、沢庵のこうこなんか」と、こう言うだろう。戦国時代には食い物がなかったんだ、ちょうど昭和二十年の終戦までのおよそ一年間と同じことでさ。

私は長い間、満蒙生活してましたから、あの場合にも困りゃしなかったけど、皆さんはお困りだったらしいな。お米の飯なんか見るというと、銀飯、銀飯と言って、飢えたる虎が肉の一片にかぶりつくようにして、米の飯にかぶりついたろう。

普段は芋を食うか、コーリャン米を食っていた。その時分には、みんな余儀なくされてたんだものね、生きなきゃならないから。「ああ、美味いね、白米よりはコーリャン飯が」なんて言った人はいないでしょ。私は粗食に慣れきった生活していたから、なんでもなかったんだが、だいぶ困った人も多くいたらしい。

しかし、戦国武士のあの時代の食い物を考えてみたらば、今の人は贅沢ですぜ。今の中流階級の人の食い物が、昔の貴族の食い物でしょうな。どんな貧乏人の家に行っても、飯は三度食ってるし、三度食わないと、何か死んじまうように思って食ってるし、三度のうち二度は必ず肉食がついてます。それで、食い物の贅沢なわりに、丈夫なやつはあまりいない。幸いに体が丈夫かなと思うと、頭が少しとぼけてるやつが多くてね。

戦国時代の武士は、四つ足は武士の食うべきものでないと言って食わなかった。ところが、現代人は反対なんだ。だから、どんな場合があろうとも、もうこういうふうに聞いた以上は、できるだけ植物性のものを余計お食べ。

変な話をするようだけど、経済上の問題からいくてえと、動物性のものを食ってるほうが安上がりなんです。この節、果物なんていうのはびっくりするほど高いもんね。けれど、最後の締めくくりで考えてごらん。安いなと思って食ってるもので病気したら、高いものになるね。

普段ある程度の金払って食ってるもので病気しなかったら、そのほうが安かねえか。自分のお膳の上に、もしも動物性のものが載ってたら、絶対に食わなきゃならない義務はないんですぜ。もっともそれを勧めて食わせている女房もいる。

「それをお食べなさいよ。とても美味しいんだから。私、あんた好きだから、一所懸命煮て食べさせてあげるのに、食べてくれないの？　薄情者！」なんて。

薄情者と言われても食べないほうがいいぜ。

果物は「霊気体」を強くする

植物性の食い物は、そのものを組織する原形質性のものが違う。プロトプラズマが。さっきのはプトマイントキシンよ。今度のはプロトプラズマ。人間の細胞組織の原形質は植物の細胞組織と相共通している。さなきだに、肉食動物の細胞組織と人間の細胞組織は全然違う。それを考えなきゃいけませんぜ。そして、果物の持っている原形質は生命の波長が長くて、強くて、積極的なんです。だから、果物生活してると、頭がはっきりして、耐久力が余計つくわけだね。

米国の心霊協会の発表でいうと、「植物性の食い物はアストラルボディのリズミカルモーシヨンを調和する」。アストラルボディというのは、きのう私があなた方に言った、オーラの、あの体のことなんだ。人間の体に七つの層で光がある。原色ですから、白、赤、黄色、いろいろありますよ、七色。それをオーラといいます。そのオーラのあるこの層をアストラルボディといいます。

アストラルボディを訳すと、「霊気体」といいましょうか。お医者が大丈夫だと言っても、私がいけないと言うやつは必ず死ぬでしょう。それから、お医者がいけないと言っても、私が引き受けたと治してしまうのは、これを見る。オーラがはっきりしている人間は、たとえ医者が何て言ったって死にはしません。

丹波の豊岡の市長の橋本という人、六年前、まだ会員になる前にガンに罹った。それで河田町で手術する前に私のところへ来たの。もう明日手術するというときに。私、電話をかけて河田町の中山さんに聞いてみた。

「さあ、このあいだちょっとレントゲンで診た結果で言うと、手術ができるかできないか、開けてみなきゃわからないくらい重いですよ」と言うから、「そうですか。僕はそう思わないけども」と言ったら、「いや、肉眼で見たんじゃわからないでしょう」と言う。

それから、私は橋本君に、「おい、医者は切っていいか悪いかわからないぐらい、あんたのガンはひどいって言ってるけど、おれの見る目によると大丈夫だ。おまえ、おれに任せるか」

と言ったら、「お任せします」と言った。

「とにかく約束したんだから行って、中山さんがどうするか知らないけれども、切るとも突くともしてもらえ。あとはおれが引き受けるから」

私がそう言ったので、橋本君は病院に行って、中山さんが手術した。

「これ、一回じゃだめだ。もうあと二、三回しなきゃ、癒着がほうぼう激しいから」と中山さんに言われて、最初の手術のときは十日ばかり入ってました。それから、「第一期は済んだから退院していい。一月《ひと》ばかり経って、またおいで」と言われてたんだけど、私は「行くな。故《く》郷《に》に帰ってしまえ」と言った。

やっぱり橋本君はえらいな。私の言うことをそのまま純真に聞いて帰った。そして、中山さんが一月も経ったらだめだろうと思ってるところへ、病院に行かないでしょう。行かないもんだから、死んじゃったと思った。本人死ぬどころじゃないんだよ。それから今度、半年ばかり経って、私のところに来た。

「市長に推薦されてるんですが、市長になってもいいですか？」

「ああ、いいとも、いいとも」

「この体で？」

「ばか野郎。体で市長するんじゃねえや。了見でしろ。『倒れてのち已まない』という気持ち

る。

「わかりました！」と言ってやりだしやがって、今度再選して、また市長になった。

こんなのがいるんだよ、私の会員に。そうかと思うと、ガンでもないのにガンのまねして死んじまうやつもある。ガンまで行かない、トンビでもってガンのまねして死んじまうやつがある。

つまり、このオーラというものを見て、オーラがしっかりしていたら、どんな病に罹ったってびくともすることないです。オーラが薄弱になると、人間の肉体から霊気が消えてしまうんですから、そのままあの世に行きにけり、になるわけだ。

だから、そのオーラが、もっと科学的にいえばオーラを発しているアストラルボディを形成する要素が果物の中にうんとあるということを聞いたら、肉食はできるだけ避けたほうがいいかと思うが、どうだい？　年をとってたら、年をとってるほど、なるべく食べなさんなよ。

こういうとき、私を睨めているやつは肉屋か魚屋だな。睨めたって何したってかまわないよ。長生きさせたいから言ってるんだから。

いいかい、ご馳走というものは一週間に一遍ぐらいでけっこう。あとはなるべく、その昔のお女中が食べたようなものを一所懸命食べなさい。けっこうなものがいくらもあるじゃないか。豆がある、納豆がある、コンニャクがある、ゴボウがある、ニンジンがある。そして、おまけに日本には尊いおこうことというものがあるじゃないか。別に金を貯めるために、そういうものを食えと言うんじゃないんだよ。あなた方の命を長くしたいがために言ってるんだから、忘れないで、一所懸命励行なさいよ。

つまり、ご馳走が滋養分じゃないんだから。ご馳走になってしまうてえと、「これ、何だい？」というようなものがあるだろう。元がなくなっちまってるのがあるよ。だから、贅沢な食い物が体によいとは言えないということも忘れちゃいけませんよ。

元来、生物学上から断定すると、動物の原始欲望は共通的に三つあるんだ。食欲と性欲と睡眠欲。性欲は系統相伝のために、これはどんな人間にでもあるに決まってますが、このほうは文化が進んだからって、別に非常な進歩も発達もしやしません。私は神代の時代にいなかったから知らないけども、神代の時代も今も、人間をこしらえるやり方は同じだろうと思う。ただ、神代の時代には雲の上でもってこさえてたかもしれないけどもね。

けど、食い物のほうは人類の進化と並行して、どんどんどんどん食品調理の上に変化が来てますね。もしも木の実ばかりを食べてた人間が今現れたら、食い物を見て驚くだろうね。こんなもの食えるかと。

それが知識の進歩にしたがって、さっき言ったとおり、「これ、何だい？」「へぇー、これがそうかい」「ふーん、何だかわからなかった」なんていうものがありゃしない？　それで、そういうものを食うことを何か非常に自慢にする人もいるけれども。食い物は今言ったとおり、生命の火を燃やす石炭なんだからな。石炭の良し悪しでもって器官が早く痛んだり、悪くなったりする恐れもあるんです。

でも何はともあれ、さっき言ったように七対三の割合を逆にしないように。わかった？　そうすると、肉体組織が丈夫になるばかりでなく、神経系統の方面までが非常に調和してくるようになるから。そうすると、なんとはなしに、理由なく、こうやって生きてることの楽しさを感じるようになる。

毎日毎日生きていながらも、心に言い知れない負担を感じて、「人生なんていうものはしち難しいもんだな」と思ってる人が多くない？　結局、考え方の違いなんだから。考え方が違うのも、結局、大脳細胞の中を循環してる血液の良し悪しに非常によるんだから。

よく年をとるてえと、頭がぼんやりして、言うこともしどろもどろになって、思考力がはっきりしないという人がいますけども、嘘ですよ。頭というものは順当に使っていきゃ使っていくほど、多々ますます働くようにできてるんだから。

それもこれも、悪い燃料で火を熾《おこ》したと同じ結果が来てることが、その人々をそうしちゃってるんだろうから、きょうからひとつ……、きょうはもう食わないだろうけどね。そうかといって、別に私は酒を飲むなとは言わないよ。適当に飲むのはいいけれども、食い物のごときも

「腹八分目、病なし」。仰向いて歩かなきゃ歩けないほど食っちゃやだめだぜ。なんか、物珍しいものを食わされるというと、恥も外聞もあるもんか、まるで敵討ちにでも行ったような気持ちで食ってるやつがあるけど。

何もきょう死んじまうんじゃねえんだから、ゆっくり楽しみながら、体に悪いものは食わないようにしてからに、命を大事だと思って、本当に守って生きなさい。きょうの講演はこれで終わりにします。

『幸福なる人生』講演テープ出典

第一章　昭和三十二年十二月・神戸　公開講演会
第二章　昭和三十一年二月・神戸　講習会
第三章　昭和三十一年二月・神戸　講習会
第四章　昭和四十年　外部講演会（新入社員研修）
第五章　昭和三十一年二月・神戸　講習会
第六章　昭和三十六年十二月・神戸　講習会（研修科）
第七章　昭和四十三年四月・東京　講習会（研修科）

本書は、天風会が刊行する『中村天風講演録CD「心身統一法　入門編」』全七巻（十三枚）を編集し書籍化したものです。

本文中、現代の観点からは適切と思われない箇所がありますが、講演が行なわれた時代背景、当時の学説等にかんがみ、原文（講演）のまま用いたことをお断りしておきます。

【著者紹介】

中村天風（なかむら　てんぷう）

1876年（明治9年）7月30日、東京府豊島郡（現東京都北区王子）で生まれる。本名、中村三郎。1904年（明治37年）、日露戦争の軍事探偵として満洲で活躍。帰国後、当時死病であった奔馬性肺結核を発病したことから人生を深く考え、真理を求めて欧米を遍歴する。その帰路、ヒマラヤの麓でヨガの聖者カリアッパ師の指導を受け、病を克服。

帰国後は実業界で活躍するも、1919年（大正8年）、突如感ずるところがあり、社会的地位、財産を放棄し、「心身統一法」として、真に生きがいのある人生を活きるための実践哲学についての講演活動を始める。同年、「統一哲医学会」を創設。政財界の有力者をはじめ数多くの人々の支持を受け、天風哲学として広く世間に認められるようになる。1940年（昭和15年）、統一哲医学会を天風会と改称。1962年（昭和37年）、財団法人の設立許可を受ける（2011年〈平成23年〉、公益財団法人へ移行）。

1968年（昭和43年）12月1日逝去、享年92。著書『真人生の探究』『研心抄』『錬身抄』（以上、天風会）他。

公益財団法人天風会

〒112-0012　東京都文京区大塚5-40-8 天風会館

TEL：03-3943-1601　FAX：03-3943-1604

URL:http://www.tempukai.or.jp

幸福なる人生
中村天風「心身統一法」講演録

2011年11月9日　第1版第1刷発行
2024年5月9日　第1版第15刷発行

著者　中村天風
発行者　永田貴之
発行所　株式会社PHP研究所
東京本部　〒135-8137　江東区豊洲5-6-52
ビジネス・教養出版部　☎03-3520-9615（編集）
普及部　☎03-3520-9630（販売）
京都本部　〒601-8411　京都市南区西九条北ノ内町11
PHP INTERFACE　https://www.php.co.jp/
組版　朝日メディアインターナショナル株式会社
印刷所　株式会社精興社
製本所　東京美術紙工協業組合

ISBN978-4-569-80001-1

PHPの本

中村天風一日一話

元気と勇気がわいてくる哲人の教え366話

財団法人天風会　編

人生の深い洞察から生まれた天風哲学のエッセンスを一日一話形式で収録。心が強くなり、運命がひらける、幸せな人生のためのバイブル。

PHPの本

ほんとうの心の力

中村天風　著

人生を健康で、楽しく、思い通りに生きるためにはどうしたらいいのか。哲人・中村天風がその秘訣を独特の語り口で説く。

PHPの本

天風哲学実践記

人生を切り拓く

尾身幸次　著

中村天風師と出会い、その教えを実践することで自ら大きな成功を手にした著者が、その貴重な体験と師の教えの真髄をわかりやすく語る。